売るか…
ここで。

株で儲ける！損切りの一番やさしい教科書

著者
テクニカル分析研究会
監修
戸松 信博

技術評論社

はじめに

損切りは利益を増やすために必要なテクニック

損切りは、株式投資を始めたばかりの初心者の方が最初にぶつかる大きな壁の１つと思います。

本書でも述べていますが、人間の心理によって、同じ金額を得る喜びの２倍以上、同じ金額を失う痛みを厳しく感じます。損失金額を確定させる損切りという行為は、心理的に受け入れられないことなので、初心者の方にとって損切りはなかなか実行できないものなのです。

しかし、損切りができなければ、含み損を抱えてしまうことが多くなります。なぜなら、株式投資においては、株価トレンドは長く続く傾向があるからです。トレンドとは株価の方向性のことですが、買い値から株価が下がっているものは、株価が下落トレンドになっている可能性が高いといえます。

そして、ここが一番重要なポイントですが、100％勝てる株式投資家はいません。どんなに優れた投資家であっても必ず銘柄選択を失敗することがあり、その際に損切り

は必要になってきます。

逆に、損切りをしっかりと行っていくことができれば、損失を最小限に止めることもできるようになります。そして、損切りを行っていれば下落トレンドの銘柄が手持ちの銘柄からなくなり、上昇トレンドのものばかりが残りやすくなりますので、最終的に株式投資で利益を上げていく可能性が高まるわけです。

つまり損切りは、株式投資に必ず必要なテクニックの1つといってもよいかもしれません。

本書では、この株式投資で必須であるのに、初心者には難しい損切りについて、そもそも損切りがどうして必要なのかという理由や、どうやったら心理的に負担を感じないように損切りができるようになるか、そして、チャートなどを使った具体的な方法までを総合的に解説しています。

日本では損切りだけについて書いている本はほとんど見かけないと思いますが、本書は損切りの専門書、いわば、損切り大全にあたる本です。きっとこの本を読んでいただければ、皆さまの株式投資に大きなプラスになると思いますので、ぜひ、ご活用いただければと思います。

2021年3月

監修 **戸松信博**

contents

2章 実践 株価の動きを予測して損切りポイントを決める

3章 実践 相場の動きを読んで損切りするテクニカル指標

4章 実践 利益と損失の比率で損切りするリスクリワード

5章 理論 損切りの目的は「トータルで勝つ」こと

6章 理論 売買タイミングQ&A

［免責］

本書に記載された内容は、情報の提供のみを目的としております。したがって、本書を用いた運用は必ずお客様自身の責任と判断によって行ってください。これらの情報の運用の結果について、技術評論社および著者はいかなる責任も負いません。
本書記載の情報は、2021年３月末日現在のものを掲載していますので、ご利用時には、変更されている場合もあります。また、一部、編集部で独自に集計して算出している数値があります。
最新の情報が異なることを理由とする、本書の返本、交換および返金には応じられませんので、あらかじめご了承ください。
以上の注意事項をご承諾いただいたうえで、本書をご利用願います。これらの注意事項に関わる理由にもとづく、返金、返本を含む、あらゆる対処を、技術評論社および著者は行いません。あらかじめ、ご承知おきください。

［商標・登録商標について］

本書に記載した会社名、プログラム名、システム名などは、米国およびそのほかの国における登録商標または商標です。本文中では、™、®マークは明記しておりません。

1章

概要

なぜ損切りは必要なのか

損切りで失敗する理由は、取るべき対処法と損切りする理由がわかっていないことが原因です。本章では、損切りの肝となるこの2点を解説します。

概要

01 迷っている含み損はすぐに売るが最善

「迷ったら損切りする」が最善

買った株に含み損が出ていて「今すぐ売るべきか、値上がりするまで待つか悩んでいる」という人は多いのではないでしょうか。

実際に、損切りの判断は難しく、迷いが伴います。「投資スキルが低いから迷うんだ」と考える人もいるかもしれませんが、**億を超える資産を運用する投資の上級者でも、損切りすべきかという悩みを常に抱えています**し、そうした人でも判断を間違って大損してしまうこともあります。「損切りするかどうか」という悩みは、投資を行う人であれば誰でも直面する問題なのです。

結論からいうと、**「損切りするかどうかで迷っているなら、今すぐ損切りする」が最善です**。損したくないからといって含み損をそのまま保有し続けていても、状況は何も改善されません。むしろ状況が悪化することも考えられるため、迷っているのであれば、今すぐ損切りを実行したほうがよいでしょう。

もし含み損が出ている場合でも「私は数年後の未来に向けて投資しているんだ」という信念を持って株を保有できるのであれば、それは立派な投資の１つの形です。少しの含み損ですぐに損切りしてしまうのは逆効果でしょう。ただし、何を根拠にそのような判断をしているのかを、常に自分の中で明確にしておく必要があります。

損切りの判断は難しい

株投資ではさまざまな悩みがあるが、とくに損切りは初心者からベテランまで悩むポイントである。

銘柄選び	株価予測	損切り
「どの銘柄」を「いつ」取引するか	さまざまな情報をもとに株価の推移を予測	含み損のある株式を売却し損失を確定

初心者からベテランまで悩む

迷ったら損切りを実行

短期戦略で投資をしている

すぐに損切りを実行

長期戦略で投資をしている

「塩漬け」にならないように対策が必要

「損したくない」だけは禁物

損切りで迷っている人の心理としては、**ほとんどが「含み損を確定させたくない」というケースでしょう**。

含み損が出ていてもそれはデータ上の話で、決済ボタンを押さない限りは証券口座に入れているお金は減りません。また、株価は常に変動しているので、放置していれば含み損からプラスに転じる可能性もあります。

「待っていれば含み益になるかもしれないのに、なぜ今損失を確定させないといけないんだ」と考えてしまうと、決済ボタンを押せなくなります。

しかし、こうした考えには、「今後株価はどう動くのか」や「どれだけの損失を許容でき、どれだけの利益を出したいのか」という、投資の軸となる部分が抜け落ちています。ただただ「口座のお金を減らしたくない」という気持ちに行動が支配されてしまっているのです。

こうなると、**現状からさらに株価が下がって含み損が大きくなるという可能性には目をつぶってしまいます**。そうした心理では、含み損が解消されるまで神頼みするか、一か八かギャンブルのような取引を行い、さらに含み損を大きくしてしまいます。これは人間の特性として科学的にも証明されています（42ページのコラム参照）。

根拠のない含み損を放置しても何も改善されません。迷ったら損切りを実行してしまいましょう。投資の戦略に「しくみ」として損切りを組み込むことができれば、成績は大幅に向上していきます。

損切りの考え方

損切りを実行できる人

- 今後株価がどう動くのか
- どれだけの損失を許容できるか
- どれだけ利益を出したいか

投資の理由がはっきりしている

適切な判断ができる

損切りを実行できない人

- 損を確定したくない
- 口座のお金を減らしたくない

感情に支配されている

含み損は解消されずさらに大きくなる

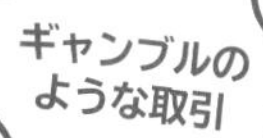

概要
02 まずは株を購入した理由を思い出そう

理由がすべての根拠になる

ここからは、今すぐ損切りを行うための、具体的な方法を解説していきます。

損切りをするにあたって最初に取るべき行動は、現在含み損になっている銘柄をどのような根拠で買ったのか、その理由を思い出すことです。具体的には「優待がもらえるから」「来期の業績が今期よりも上がりそうだから」「移動平均線が上向きになっているから」といったものでしょうか。

株式投資にはいろいろなスタイルがあります。ここでは、投資方法の善し悪しを判断するのではなく、**買った理由に対して現状がどのようになっているかを客観的に振り返ることが重要です**。

たとえば、今期が50億円の利益、来期が70億円の利益が予想されている企業があり、その予想を根拠に株を買ったとします。業績が順調に上がれば、直近の株価が多少含み損になっても「将来的には業績に株価が付く」と考えて、保有を続けるのも１つの方法です。

反対に、業績が悪化して目標が達成できそうになければ、株を保有し続ける理由がないので、早めに決済する必要があります。

想定が崩れたら損切り。これがもっとも基本的な考え方です。

買った理由が崩れたら損切り

今期の利益が50億円で、来期の利益が70億円と予想される企業を発見

➡ **来期の利益向上を根拠に株を購入**

業績が良好	業績が悪化
直近の株価が多少含み損になっていても、将来的には業績に株価が付いてくる可能性がある	来期の目標の70億を達成できる見込みがなく、株価が上昇する可能性も低い
保有	すぐに損切り

買ったときの根拠が崩れたら、早めに決済しましょう！

概要

03 損切りをしないと投資資産が制限される

最悪のケースを避けるための損切り

損切りを行うと、その取引はマイナスで終わります。自分のお金が減るのは嫌ですし、損切りに抵抗があるのも理解できます。

しかし、あえて損切りという決断・選択することで、含み損を大きくして投資の世界から「退場」するという最悪のケースを避けることができます。投資の教科書などではあまり触れられませんが、**投資においてもっとも重要なのは「生き残ること」です**。

手法や銘柄選びももちろん重要なのですが、そもそも、大きな損失を出して投資に回す資金をなくしてはもとも子もありません。損切りは、見方を変えれば「損失額をコントロールする」行動です。

投資の資金を確保する

相場とは不思議なもので、数年に一度のサイクルで「儲かりやすい相場」が訪れます。重要なのは、その**「儲かりやすい相場」まで生き残り、投資資金を確保しておくことです**。

もし100万円の投資資金があっても、60万円分を塩漬けしていると、投資に回せるお金は40万円しか残りません。

損切りを行うことで、次の投資に回せる資金を確保したと考えることができます。これが損切りを行う本質的なメリットです。

損切りで投資資金を確保できる

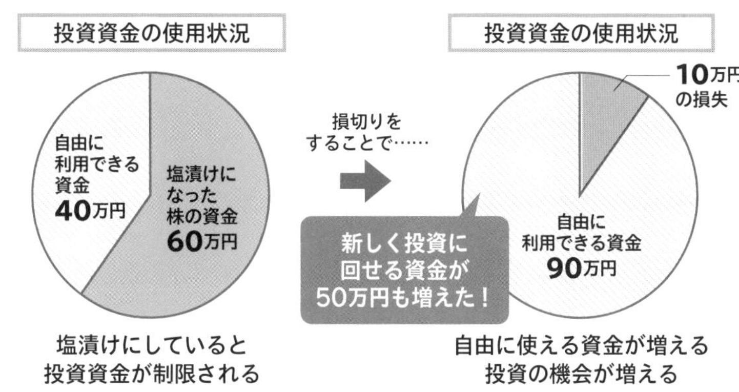

上昇相場が訪れるタイミング

〈日経225　週足　2010年10月～2017年7月〉

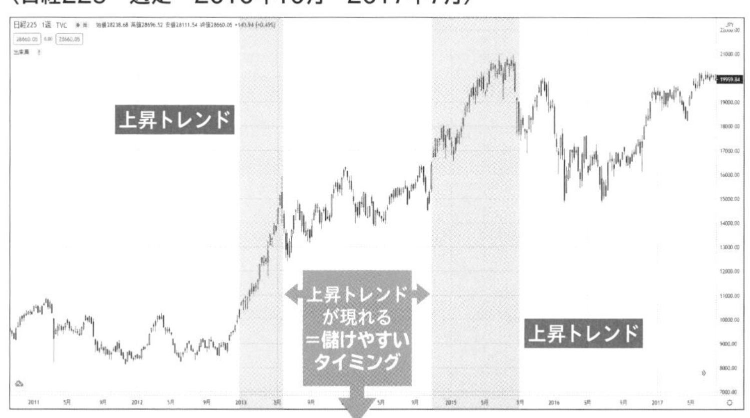

儲けやすいタイミングに備えて投資資金を確保する
＝損切りが有効

概要

04 損切りには ルールが必要

「投資で生き残る1割」を目指す

損切りができるようになるためにもっとも重要なのは、株式を売買する際に「ルール」を設定することです。

先ほど解説したように、人間は損切りができない生きものです。これは、目先の損を嫌う人間の「本能」が作用しており、ほとんどの人にあてはまります。

株式投資ではよく**「9割が退場し、残りの1割が利益を得ている」**という言葉が使われますが、1割にあたる人は、なぜ投資の世界で生き残り、かつ利益を得られているのでしょうか。その一番の理由は「売買にルールがあるから」です。

投資というのは、取引可能な時間や注文の方法など、システム上の細かい制限はありますが、「どのような銘柄に」「いつ」「どれだけ」投資するのかは完全に自由です。自分を縛るものが何もなければ、最終的には「感情」など、根拠のないことで動くことになり、結果損切りができなくなってしまいます。

だからこそ、投資の世界で成功している人は**それぞれで売買のルールを作り、ルールを守ることで目先の損得に左右されがちな「感情」をコントロールしているのです**。まずは、自分がどのようなルールで投資をしているのか整理してみましょう。

投資に失敗する人・成功する人の特徴

投資に失敗する人の特徴

理由はわからないけど
この銘柄がお得らしい

業績は見ていないけど
有名な株を買ってみた

とくにルールを定めずに
株を売買している

ルールがわからずに
失敗してしまう

投資に成功する人の特徴

この株は経営体制が
よいから買う

この株は業績が悪く
なりそうだから売る！

自分でルールを決めて
株を売買している

売買の基準が決まっているから
失敗しづらい

**株式売買のルールを決定すると
損切りができるようになります**

05 投資の鉄則は「ルールが崩れたら売る」

「損切りしない理由」を探してはいけない

ルールを徹底するために最初に考えるべきポイントは「例外を認めない」という点です。たとえば、「ダウ理論(48ページ参照)を使ってトレンド方向に買っていく」というルールを設定した場合、その条件が崩れたら必ず損切りする必要があります。

これはどのような方法でも同じで、損切りの条件を満たしたら、即実行することが鉄則です。なぜ、このような考え方をするのかというと、最初に決めた損切りの条件を満たしている状況でも、「ダウ理論は崩れているけど、時間軸を変えれば上昇トレンドに変わるかもしれないし、業績もそこまで悪くない」というように、**損切りできない人は共通して「損切りしない理由」を探すからです。**

要は、**それまでまったく意識してこなかった根拠をこじつけて、損切りしなくてもよいと自分を誤魔化すのです。**

これも意思が弱い・強いの問題ではなく、人間の「本能」からくるものなので、あらかじめ「そういうもの」だと理解して、ルールに沿うというしくみで欲望をコントロールするのが正解です。だからこそ、「ルールが崩れたら売る」を徹底すると最初に決めておきましょう。

損切りを行ううえでのNG行為

人間の「本能」によって、株価の上昇を期待してしまう。

業績を根拠に株を買った場合

業績が25%アップするという予想をもとに株を買う

不景気の影響を受け業績が低迷

このまま業績低迷が続く場合、買った根拠が崩れたので迷わずに損切りを行う

「長期的には業績が戻る可能性があるはず」と理由をこじつけて保有する

株価チャートを根拠に株を買った場合

株価チャートの買いのサイン、売りのサインに沿って取引をする

想定外の急な下降トレンドに入った

下降トレンドは以降も継続しやすいと判断し、すぐに損切りを行う

「急に株価が上昇することもあるはず」と理由をこじつけて保有する

損切りしない理由を探す行為はNG

➡ 損切りのルールに則ることができなくなるため

概要

06 売らずに待つなら条件を決める

「待つ」際のポイントは目的を持つこと

ここまでは「今すぐ損切りするためにどうするか」を前提とした解説をしてきました。しかし、12ページで触れたように、長期的な投資手法では株価が上昇すると考え、あえて株を保有することもあります。長期投資では、少しの含み損が出たからといって損切りするとかえって利益を減らすことになります。

ただし、「株価が上がるまで待つこと」と「塩漬け」は紙一重の関係です。**塩漬けを避けるためにも、条件を付けて待つべきです**。たとえば、「1年間に限定して動きがなければ損切り」「ほかに買いたい銘柄が見つかったときに損切りする」など、内容は自分で納得できるものであればなんでも問題ありません。

とにかく、**目的や条件なしに、単純に「損切りしたくないから」という理由で保有し続けることは避けましょう**。ただし、条件を付けて保有したとしても、目先の含み損が消えるわけではありません。保有を続けることで含み損が大きくなる可能性もあります。

「どうしても損切りできない」という気持ちも十分理解できますが、塩漬けにしないためにも「本当に株価の上昇が期待できるのか」「買った理由を改めて確認し、それでも待つことができるのか」、こうした点について考えてみるべきです。

株価上昇を待つときは条件を付ける

条件を付けて保有する場合

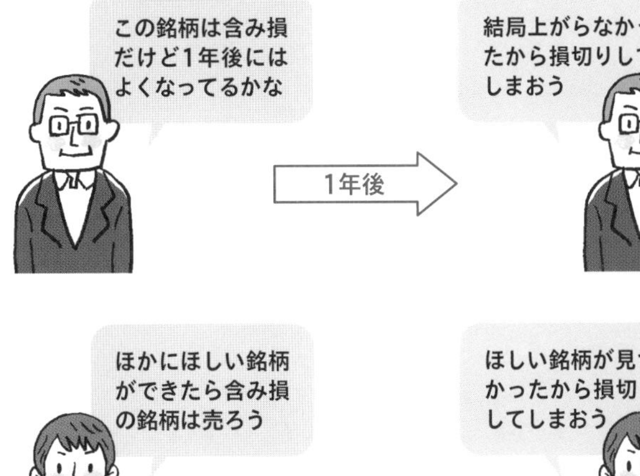

資金を次の投資に回すことができる

条件を付けずに保有する場合

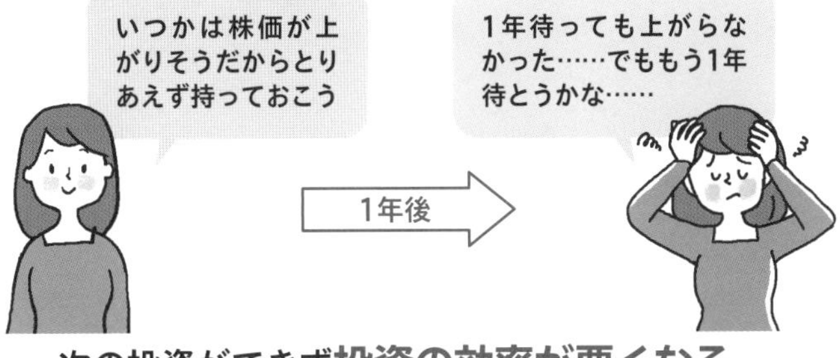

次の投資ができず**投資の効率が悪くなる**

07 自動で損切りする逆指値

自動的に損切りをする「逆指値」を利用する

損切りポイントを設定する場合、あらかじめ「○○円になったら損切りする」と決めておき、実際に価格がそこまで下がったら自分自身の手で決済するのも１つの手です。

この方法でももちろん問題ないのですが、**損切りをより機械的に行うためには「逆指値注文」を使うとよいでしょう**。これは、株式を売買する際に出せる注文の種類の１つで、あらかじめ指定した金額まで株価が下がったときに自動的に決済することができます。

逆指値注文で迷いなく損切りを実行する

たとえば、ある銘柄を1000円で買い、今後1500円まで株価が上がると予測したとします。しかし、予測が外れて株価が1000円を下回る可能性もあるため、900円を損切りポイントとして設定しました。この場合、逆指値注文を利用すると、株価が900円になったタイミングで自動的に損切りを行ってくれるのです。

この方法であれば、チャートに張り付く必要がないため、時間的にも精神的にも余裕が生まれます。何より、自動で損切りが行われるので、**ほかの理由をこじつけて損切りをためらってしまう、などといった「迷い」が発生しません**。

逆指値注文のしくみ

株を1250円で買い、1180円になったら売るという逆指値注文を出す場合

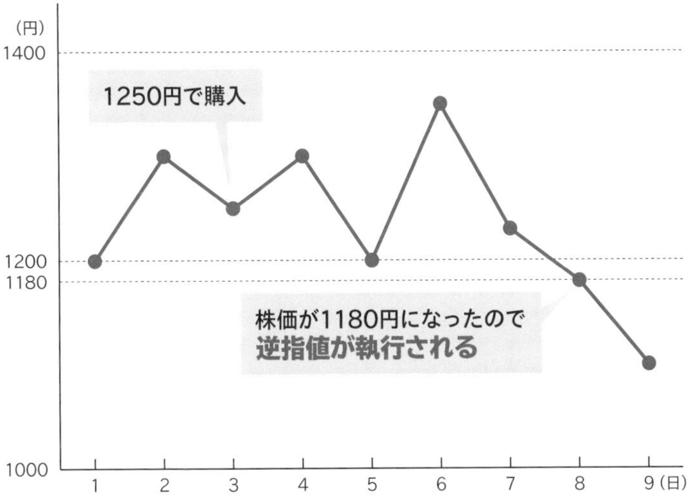

⇩

自動的に売りに出されるため便利

概要

08 損切りのしかたは自由 自分でルールを決める

一番行いやすい方法を選ぶ

「ルールに反したら損切り」「逆指値注文を出す」、こうした基本を踏まえたうえで、損切りポイントの設定方法を解説していきます。損切りポイントを決める際の手法は、「テクニカル指標（３章参照）」「利益や損失の割合（４章参照）」など、いくつかあります。

たとえば、移動平均線を使って買いのタイミングを考えてみましょう。移動平均線は、おおまかな株価の動きを分析できるテクニカル指標の１つです。「価格が移動平均線を上抜けたら買い」というルールを設けた場合、損切りの基準は買いのポイントの反対、つまり「価格が移動平均線を下抜けたら売り」となります。

テクニカル（株価チャート）を使った設定方法は、視覚的に理解しやすく、初心者でもわかりやすいです。最初はこの方法から始めてみて、取引の回数を重ねてきたら、利益や損失の割合を基準にしてみるなど、それぞれの投資スタイルやスキルに合った方法を選ぶとよいでしょう。

どの手法から始めるべきかわからない人は、順張りを基準に損切りの設定を考えてみるのがお勧めです。順張りは上昇トレンドに沿って買っていく手法ですが、トレンドが崩れたら損切りと判断できるので、心理的にも納得がしやすいです。

行いやすい手法で損切りする

株価チャート

ローソク足や移動平均線を読み解き、トレンドを把握する方法。初心者でもわかりやすい。こうした方法は**テクニカル分析**とも呼ばれる

利益・損失の割合

利益確定と損切りのバランスを比率で表す方法。「利益を大きく、損失を小さく」することを意識できる。**リスクリワード比率**と呼ばれる

初心者のお勧めは順張り

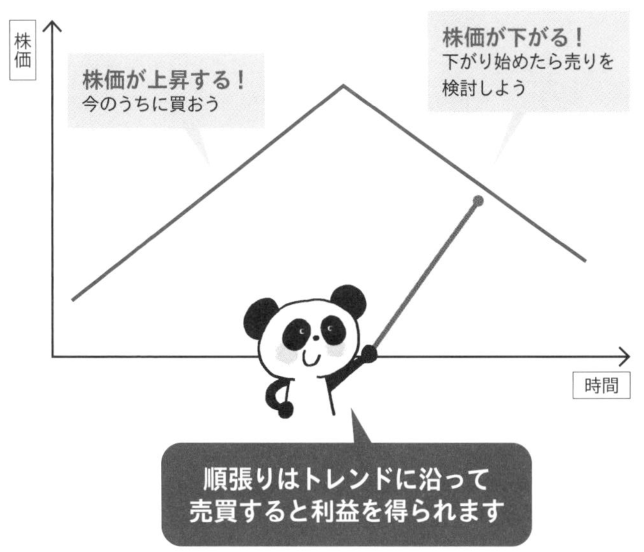

09 「買い」の理由①株価トレンドが上昇基調

トレンドはしばらく同じ方向に動く特性がある

順張りを含めて、買いの根拠として使える理由を紹介しておきます。１つめは「銘柄の株価トレンドが上昇基調であること」です。

株価の動きは、大きく「トレンド」と「レンジ」の２つに分けて考えることができます。**トレンドは上方向、もしくは下方向のどちらかに株価の動きが傾いている状態**のことで、**反対にレンジは上方向、下方向どちらにも動きがない状態**のことです。

トレンドは、一度発生すると終わりを迎えるまでしばらく同じ方向に動き続けるという特性があります。そのため、**上方向にトレンドが出ている銘柄を買うとトレンドが継続する限りは利益を狙うことができる**といえます。この方法が、28ページでも解説した順張りです。

トレンドに沿って買う場合、一見すると「高過ぎて買えない」と戸惑うかもしれませんが、ある程度株価が高くても、トレンドが継続すればさらに高値を更新していくので、一時的な含み損で済むことが多いのもメリットです。

また、38ページで解説する移動平均線などのツールを使うとトレンドの終盤を見極めやすくなるので、損切りの基準が設定しやすいのも特長です。

相場の3パターン

上昇トレンド

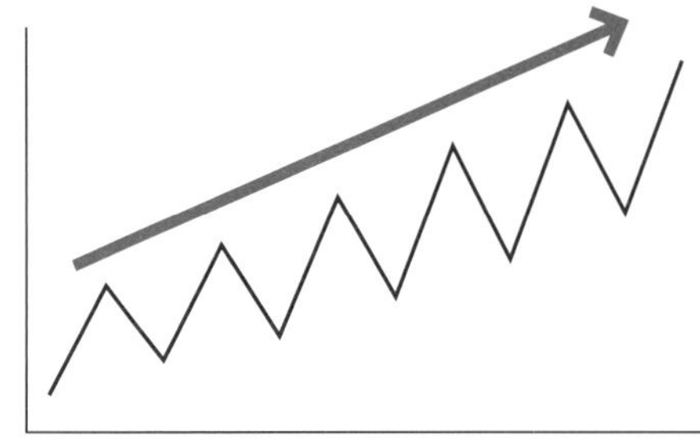

上方向に株価の動きが傾いている、右肩上がりのチャート。基本的に**買いが多く行われている状況**

下降トレンド

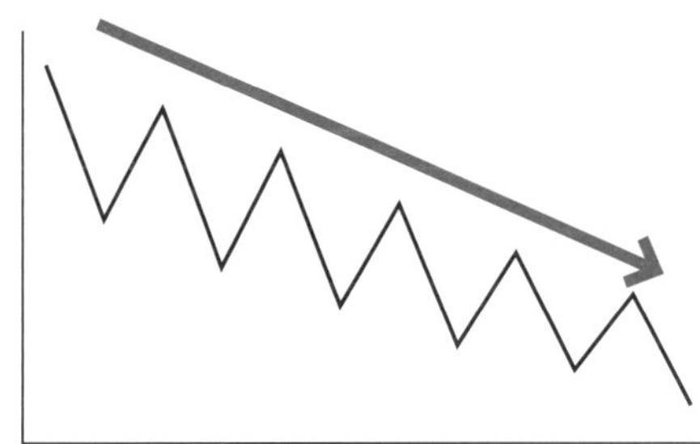

上昇トレンドとは反対に、下方向に株価の動きが傾いている右肩下がりのチャート。買いよりも**売りのほうが多い**

レンジ相場

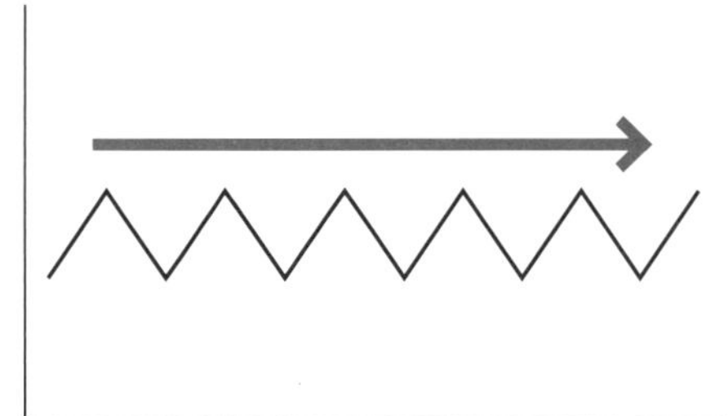

ボックストレンドともいう。上方向、下方向、どちらにも動きがない横ばいのチャート。**株価がもみ合っている状況**

概要

10 「買い」の理由②株価が割安

割安度を分析して株を探す

２つめに、銘柄ごとの「割安度」を分析する方法があります。割安度とは「企業の本来の価値に対して、現在の株価がどれだけ安いのか」を知るための数字です。たとえば、本来5000円の価値がある企業の株価が1000円になっていたらお買い得、つまり割安であるといえます。こうした割安な株を探すために、PER、PEGレシオという指標が用いられます。

PER（「ピーイーアール」もしくは「パー」）は、株価が１株あたり利益の何倍かを示したものです。株価を１株あたりの来期予想純利益（EPS）で割り、「10倍」「15倍」などと倍数で示されます。基本的に**PERは数値が低いほど割安とされます**が、業界ごとに水準があるため同業他社と比較して判断すると効果的です。

PEG（ペグ）レシオは、PERを１株あたりの利益成長率で割ったもので、PERでわかる割安度に加え株価の成長率を考慮した指標です。**PEGレシオが１以下のときは割安と判断できます**。

たとえば、PERが50倍の銘柄があったとします。PERの数字だけを見ると割高に感じますが、年間成長率が50％であればPEGレシオは１となり、割安と判断できます。つまり、PEGを見ることで、PERでは見落としてしまう割安な銘柄を発見できるのです。

PERの計算式

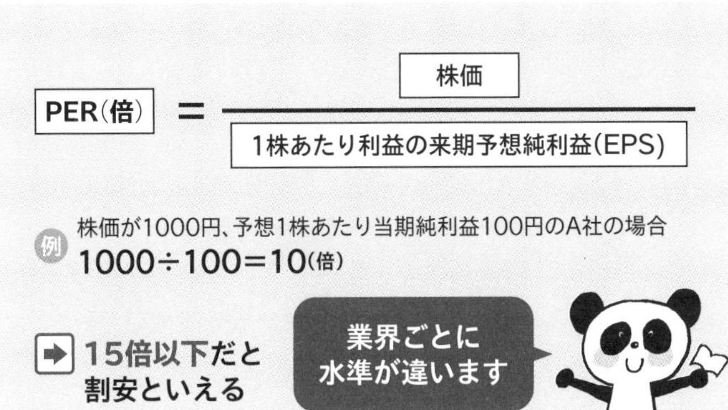

PEGレシオの計算式

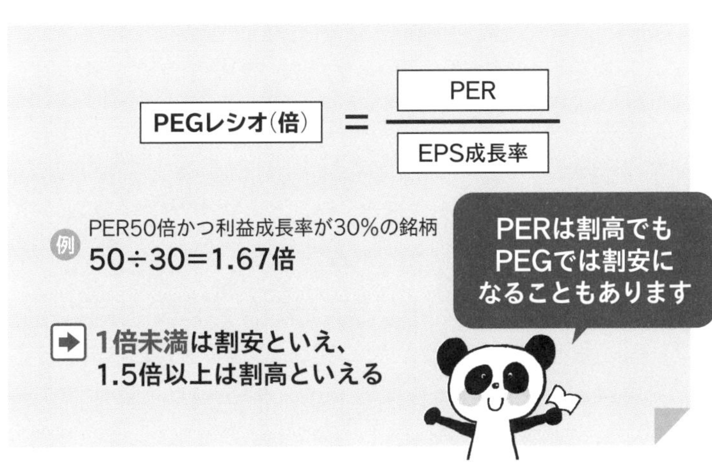

11 「買い」の理由③ 会社の価値を測る

長期的な視点で業績を見る

３つめは業績を見て判断する方法です。長い目で見ると、業績は株価に影響します。つまり、**目先の株価が下がっていても、売上や利益が継続して伸びている企業は長期的に見れば株価も上昇してくることが多い**のです。

そのため、「過去から現在まで業績が伸びているか」「来年以降も業績が伸びそうか」という視点で分析して株を買う方法が、業績を重視した投資方法です。業績を重視した買い方の場合は単純に業績が鈍化したら損切りを行えばよいので、判断基準が明確なこともメリットです。こうした手法は、「定量分析」と呼ばれます。

また、数字の分析だけでなく、消費者感覚で「業績が伸びそうだ」と考えられる企業に投資するのも１つの手です。たとえば、衣料品系小売りのワークマン（7564）は、同業他社が未開拓であった「低価格×機能性」の領域を狙ったマーケティングを行うことで大幅な株価上昇につながりました。こうした、企業の狙う成長ストーリーや、店舗に行った際に感じた込み具合、客層など、数字として出てこない側面に注目して買いの理由とすることもあります。**こうした側面がよいことを「定性面がよい」「定性面が強い」といいます**。また、このような分析は「定性分析」と呼ばれています。

定量分析・定性分析の違い

定量分析

数値化できる情報の分析

・業績　・PER（割安度）
・経常利益　・株主資本比率
・キャッシュフロー
など

探し方

・『会社四季報』（東洋経済新報社）
・企業のIR情報
・証券会社の情報サービス

目に見えてわかる根拠がほしい。業績の数字が下がれば損切りすればよいので判断が楽

定性分析

数字では表せない情報の分析

・経営哲学　・技術力、開発力
・ビジネスモデル　・マーケティング力
・市場でのポジション
など

探し方

・商品を買う・サービスを利用する
・経営者のインタビューを読む

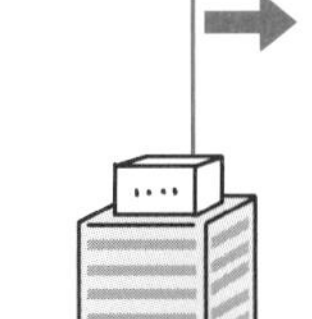

経営者の考えに共感したり、自分の感覚で「伸びる」と思ったりした会社を選びたい

12 ルールの設定方法①価格の動き方を予測する

上昇トレンドの終わりを想定して損失を抑える

ここからは具体的な損切りの設定について、2つのポイントを説明します。1つめは「価格の動き方を予測して決める」方法です。

たとえば右図の上昇トレンド中のチャートで、10月の高値を超えてさらに上昇すると想定し、右端のローソク足から買うとします。

ここで損切りポイントをどこに置くのかを考える場合、重要なのは**上昇トレンドが終わる場所**です。そのポイントをあらかじめ想定しておき、逆指値注文を置いておけば、上昇トレンドが続く限り利益を狙いつつ、損失を最小限に抑えることができます。

チャートパターンを予測して注文を置く

9月以降の値動きは、54ページで紹介するチャートパターン「三尊（ヘッド＆ショルダー）」を想定することができます。右端のローソク足以降の値動きで下降すると三尊が完成するので、そこに逆指値注文を置いておきましょう。また、仮にここから株価が下がれば、ダウ理論のトレンド転換のポイントと考えることもできます。

このように**複数の視点で上昇トレンドが終わる場所はほかの投資家も同様に売ってくる可能性が高い**ので、損切り注文を置くポイントとして適しています。

株価の動きから損切りポイントを決める

〈スノーピーク(7816※) 日足 2020年7月～12月〉

株価チャートのパターンを読み解くと損切りポイントがわかる

上昇トレンドの終わる場所に逆指値注文を置くとよいです

※銘柄コード。すべての上場企業に割り振られる4桁の番号のこと。銘柄を識別するために用いられる

13 ルールの設定方法② 市場の数値を用いる

テクニカル指標で相場を読み解く

損切りポイントを設定するもう１つの方法は、「テクニカル指標」や「価格」など市場の数値を用いる方法です。テクニカル指標とは、移動平均線やボリンジャーバンド、MACDなどの、「チャート（値動きの推移）以外に表示できる要素」のことです。

テクニカル指標には数多くの種類がありますが、本書では主に移動平均線を使ったルール設定を行っていきます。詳しくは３章で解説しますが、**移動平均線はトレンドの方向性や勢いなどを分析できる指標です**。

移動平均線を使った損切りポイントの決め方

たとえば、右上図のチャートの右端のローソク足で買うとします。もし、**以降のローソク足が移動平均線を明確に下抜けるようなら「上昇トレンドの終わり」を示すことになる**ので、その性質を利用して損切りポイントを移動平均線付近に置きましょう。

また、「価格」を基準にする場合はどうでしょうか。

たとえば、右下図の右端の時点で株を買う場合を考えましょう。この場合の損切りポイントは、図で示した通り、高値から安値の中間地点を目安にするとよいでしょう。

移動平均線で決める損切りのポイント

〈良品計画(7453)　日足　2020年5月～8月〉

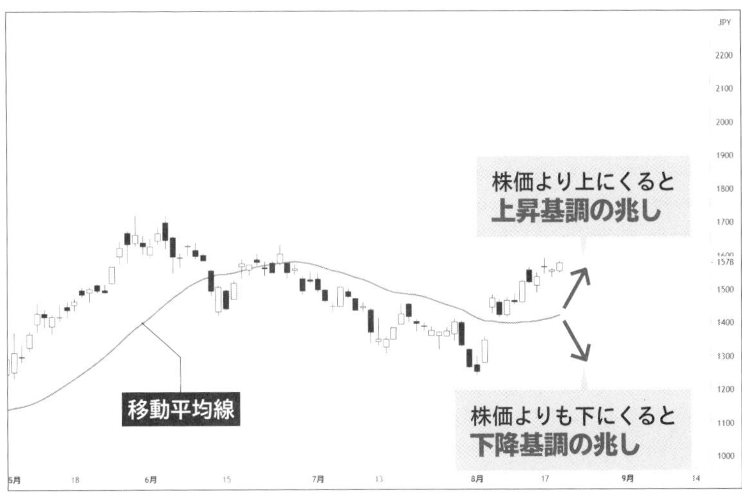

〈KDDI(9433)　日足　2020年6月～12月〉

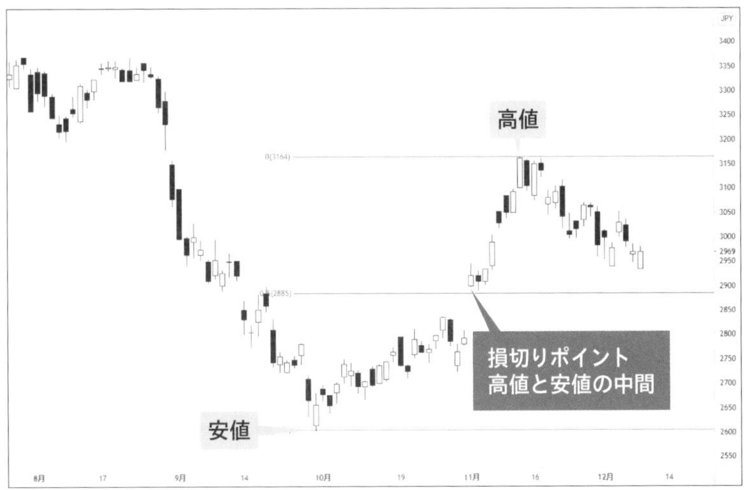

概要

14 長期投資と中期投資での損切り方法の違い

短期・中期投資では数値に注目

36～39ページで解説した損切りポイントの設定方法は、チャートを重視した考え方です。ここに、ファンダメンタルズの視点（業績やPERを根拠とした視点）を入れて買った場合、売るときも、つまり損切りをするときもファンダメンタルズの視点が必要です。

とくに意識すべきは、数年単位の長期投資と、数週間～数カ月の単位で保有する中期投資では損切りの基準が異なるという点です。

まず、**中期投資では、業績や割安度などの数値を重視して買う、つまり定量分析（34ページ参照）を基準とすることがほとんどです**。当然、このような分析の場合、売上が鈍くなったり、割安な銘柄が割高になったりしたら損切りを行います。

長期投資では数値以外の要素を見る

一方、長期で伸びる会社に投資する場合は、業績や割安度のほかに、**企業の成長ストーリーや同業他社と比較した際の強みなど、「数値で測れない部分」も重視した分析、つまり定性分析（34ページ参照）**が必要になります。

そのため、企業が提示する経営計画と業績にずれが生じた際に、どこで損切りするかを明確にしておく必要があります。

中期投資と長期投資での基準の違い

中期投資

割安な銘柄に投資したい

すぐに判断したいからわかりやすい基準がほしい

定量分析をもとに売買する

長期投資

今は業績が低くても将来伸びる企業を探したい

時間をかけて取引したいから数字以外の基準がほしい

定性分析をもとに売買する

Column 1 損切りできない心理①

利益よりも損失を重視する損失回避性向

「損切りが必要なのはわかっているけど、できない」。こうした人間の非論理的な行動を研究するのが「行動経済学」という学問分野です。ノーベル経済学賞を受賞したダニエル・カーネマンは、利益よりも損失に対して、より価値を見出す「損失回避性向」という心理状態について説明しています。

下図の横軸は「利益と損失」、縦軸は「利益や損失に対して感じる価値」を表しています。左右で曲線の傾きが異なり、5ドルの利益が出た際の喜びよりも、5ドルの損失が出たときの悲しみのほうが2倍近く大きいことがわかります。

金額は同じ5ドルですが、人は利益を出すことよりも損失を出すことのほうがより「嫌だ」と感じてしまう傾向があるのです。この現象は、損切りできない心理にも大きく影響しています。

「損失回避」で利益より損失を重視してしまう

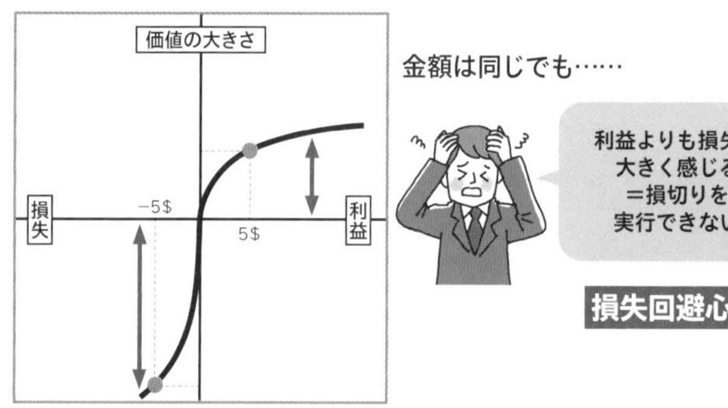

2章

実践

株価の動きを予測して損切りポイントを決める

損切りを行う際の基準はさまざまですが、本章ではチャートを使った方法を紹介します。パターンを知って、売買に活かしましょう。

実践 01

損切りポイントは買った時点で決める

チャートから投資家の心理を読み解く

損切りポイントを設定する際に初心者がもっとも取り入れやすいのが、**チャート上で相場の流れが変わる場所を損切りポイントとする**方法です。

投資の知識がない人にとって、チャートはランダムに動くように見えます。しかし、そもそも株価とは、一般投資家を含めた相場参加者の心理によって変動します。ある銘柄が大勢の人に「買いどきだ」と感じられると、その銘柄は多く買われます。反対に「株価が上がり過ぎている」と感じられると、買われづらくなります。

投資家たちが「買おう」「売ろう」と判断する際には、テクニカル分析でいう「チャートが上がりやすい（下がりやすい）形状になっている」「トレンドが発生している」といった要素が根拠として使われます。つまり、ランダムに動いているように見えるチャートも、知識を備えたうえで分析すると、**今後株価が動く方向をある程度判断できるようになるのです**（ただし、100％の確率で株価の動きを判断できるわけではありません）。

株価の動きを判断する知識があれば、ほかの投資家が心理的に買いのエントリーを行いやすいポイントや、トレンドの継続、反転を見極める手段として株価チャートが活用できるのです。

株価チャートには投資家の心理が現れる

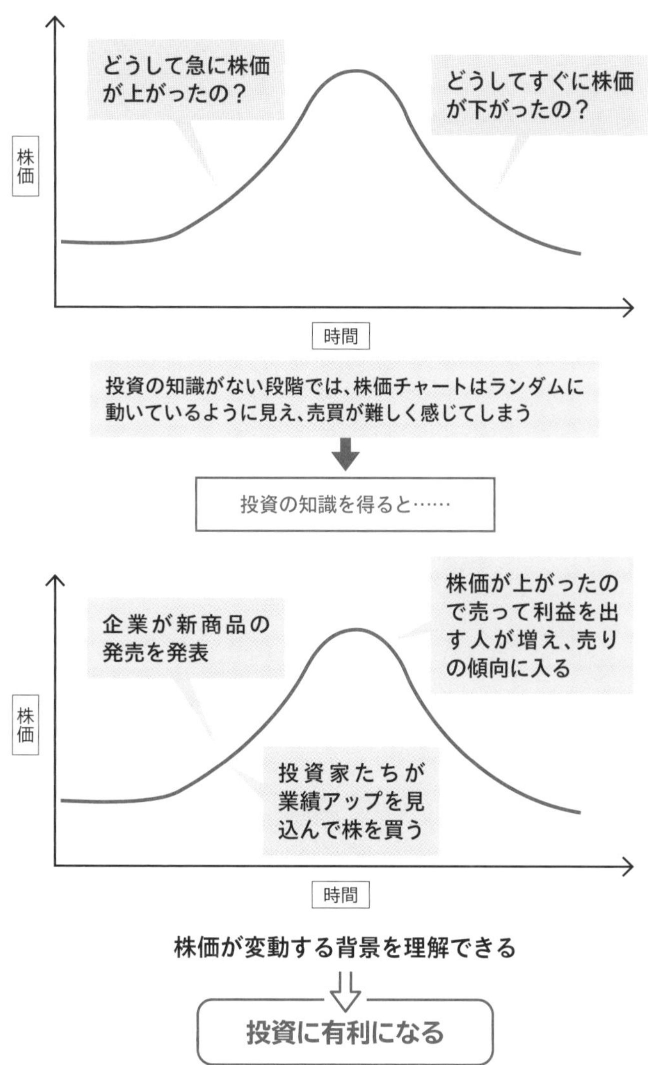

トレンドの動向を見極めるダウ理論

テクニカル分析の方法はさまざまですが、本章では「ダウ理論」と「チャートパターン」の2つを解説します。

ダウ理論は、**トレンドの有無を確認する際に非常に役に立ちます**。とくに順張りで買いのエントリーを行う場合、トレンドに沿って買う必要があるため、相場にトレンドが発生しているのか、それとも停滞（もしくは反転）するのかを判断できるかで勝率が変わります。

また、「上昇トレンドが発生している」という点を根拠に買う場合、前述したように、買う理由が崩れたら損切りを行うのがセオリーです。ダウ理論を使うと、具体的にトレンドが反転するポイントを判断できるようになるため、損切りポイントをどこに置くのかを考える際にも役に立ちます。

買いのポイントがわかるチャートパターン

また、**チャートパターンは一般的には「買う場所」を探す手法として知られています**。それぞれのパターンごとで見るポイントに違いはありますが、たとえばヘッド＆ショルダー（54ページ参照）であれば、「株価がネックラインを上抜けたら買い」というように、買いのポイントが明確に示されるからです。

考え方を変えると、チャートを形状として見ていくので、その形が崩れる動きになる場所が損切りポイントだともいえます。

つまり、チャートパターンを用いて買うポイントを決めた場合、同時に損切りポイントも決まるということです。

ダウ理論でトレンドがわかる

ダウ理論に沿って取引をすると、トレンドの流れを予測できるため、損切りポイントがわかりやすくなる。

ほしかった銘柄が上昇トレンドに入ったから買ってみた！

でも株価はどこまで上がって、いつから下落するんだろう……

ダウ理論を使って下降トレンドに入るサインがわかった！

下降トレンドに入った直後を損切りポイントにすればよいのだ！

チャートパターンで買いのポイントがわかる

株価チャートの動きにはある程度パターンが存在するため、パターンを発見すると売買のポイントがわかりやすくなる。

買おうと思っていた銘柄が下降トレンドに入ってしまった……

値動きの上下が激しくて、いつ買えばよいかがわからない……

株価チャートをよく見ると、株価が上昇する前の形になってる

これから株価が上昇するから、今この銘柄を買うとよいのだ！

実践

02 「ダウ理論」における6つの基本原則

ダウ理論でトレンドの始まりと終わりがわかる

損切りポイントを設定する方法のうち、まずは「ダウ理論」を使った方法から解説します。

ダウ理論とは、19世紀後半に米国でジャーナリスト・証券アナリストとして活躍したチャールズ・ダウが、ウォールストリートジャーナルに寄稿した論説をまとめたもので、株価の値動きを6つの基本原則で説明しています。この6つの基本原則のうち、損切りポイントの設定を行う際に重要なのが、**トレンドは明確な転換シグナルが発生するまで継続する**という6つめの原則です。

先ほどから「トレンド」という言葉が何度も出てきていますが、そもそも何も前情報がない状態でチャートを見ても、値動きにトレンドが出ているかどうかは「なんとなく上がっている」といった印象で判断するしかありません。

ダウ理論6つの原則（以下「ダウ理論」）は、ここから一歩踏み込んで、**「トレンドが継続する条件」「トレンドが転換する条件」をそれぞれ定義したもの**です。要はダウ理論を使ってチャートの分析を行うことで、今がトレンドなのかどうか、トレンドが出ている場合、どのような値動きになればトレンドが終わるのかを印象ではなく、明確な基準によって判断できるようになるのです。

ダウ理論の6原則

ダウ理論とは……

株価の値動きの原則を示したもの。1884年、チャールズ・ダウによって提唱された

チャールズ・ダウ
1851-1902年
米国のジャーナリスト・証券アナリスト

ダウ理論を使うと、下記の6原則をもとに値動きの分析を行う際に役に立つ。とくに6番目はトレンドの転換に関する原則であり、損切りの設定に重要である。

1. 平均株価はすべての事象を織り込む
2. トレンドは、短期・中期・長期の3種類に分類される
3. 主要なトレンドは3段階存在する
4. 価格は相互に確認されなければならない
5. トレンドは出来高でも確認されなければならない
6. **トレンドは明確な転換シグナルが出るまで続く**

トレンドの終わりがわかれば、売買のタイミングもわかる

上昇トレンドだと思いきや、急に下がってしまうときがあるよね

ダウ理論でトレンドの転換がわかります。「損切り」の際にとても重要です！

03 ダウ理論で損切り①トレンドの転換を見抜く

トレンド継続中は保有してトレンド転換時に売る

ダウ理論におけるトレンド継続の条件は、右上図のような値動きとなります。たとえば、直近の高値と安値が決まった状態で、**安値が更新されずに高値を更新するような動きが出れば「上昇トレンド」**であり、**高値が更新されずに安値が更新されれば「下降トレンド」**です。この状態が続く限りは「トレンドが継続している」と考えます。

反対に、トレンド転換の条件は右下図のような値動きとなります。上昇トレンドの場合、「高値が更新されず、安値を更新する」という条件を満たせばトレンドが転換するサインですし、下降トレンドの場合は「安値が更新されずに高値を更新する」のが転換のサインです。

ダウ理論を損切りポイントの設定に活用する際は、シンプルに**「トレンドが転換する場所に損切りポイントを置く」**という戦略を取ります。たとえば上昇トレンドの場合は、トレンドが継続している間は保有を続けてよいですし、トレンド転換のサインが出たら、利益につながる可能性が減るので売る、という考え方です。

チャートの形が右下の左図のような場合だと、損切りポイントは直近の安値の少し下に置くとよいでしょう。

トレンドの継続状態

上昇トレンド

直近安値を更新せずに、
高値を更新する

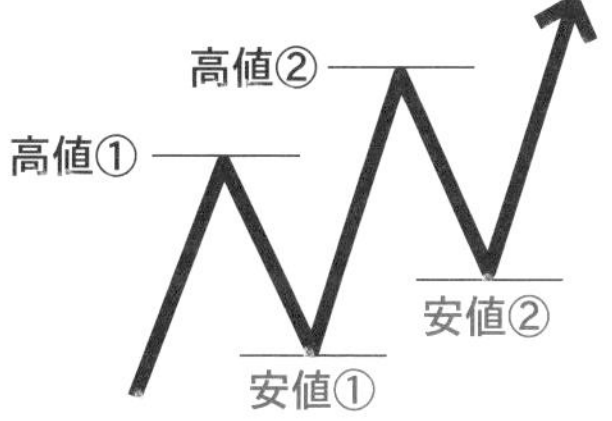

下降トレンド

直近高値を更新せずに、
安値を更新する

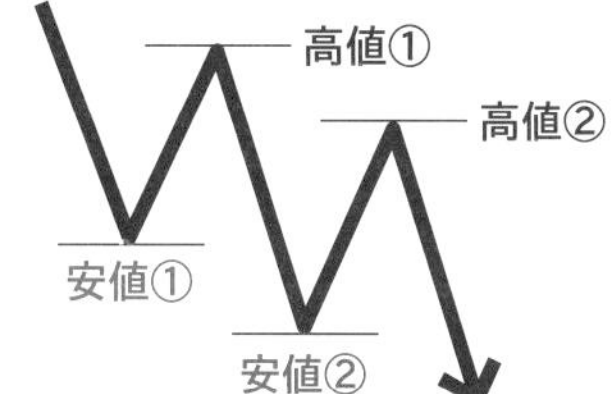

トレンド転換のタイミング

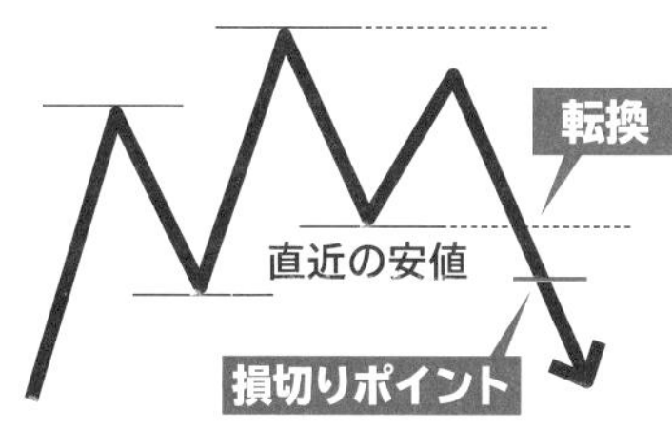

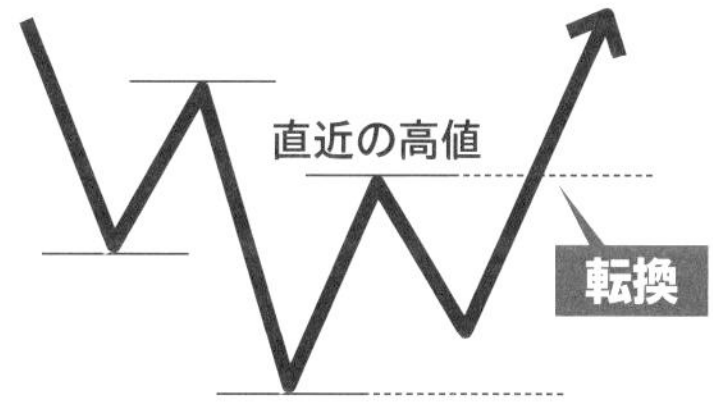

株価が直近高値を更新せずに
直近の安値を更新

株価が直近安値を更新せずに
直近の高値を更新

下降トレンド終了のサイン

04 ダウ理論で損切り②値動きに合わせた調整

トレンド順張りを安定させるトレール注文

50ページで解説したダウ理論を用いてトレンドの継続転換を判断する方法は、順張り戦略において非常に有効です。この**継続・転換の状態について明確な判断基準を持っていれば、トレンドが転換し、今後株価が下がることが推測できる**ため、心理的にも損切りを行いやすくなるというメリットがあります。

また、ダウ理論は利益確定時にも活用することができます。考え方はシンプルで、上昇トレンドの継続を想定して買い、その後含み益が出たのであれば、トレンド転換の条件を満たしたときに利益確定を行えばよいのです。

つまり、50ページでも説明したように、上昇トレンドが継続しているときに買う場合、損切りポイントは右上図で示した位置に置くことになります。

その後、チャートの動きに合わせて、**トレンド転換の条件を満たすポイントに損切り（含み益になっている場合は利確）ポイントをずらしていく**のです。こうした注文の方法を**「トレール注文」**と呼びます。とくにダウ理論のトレンド継続に沿ってトレールする場合、相場の流れが変わるポイントで決済すればよいので、いつ利益確定を行えばよいのか、悩みを減らすことにもつながります。

上昇トレンドの損切りポイント設定

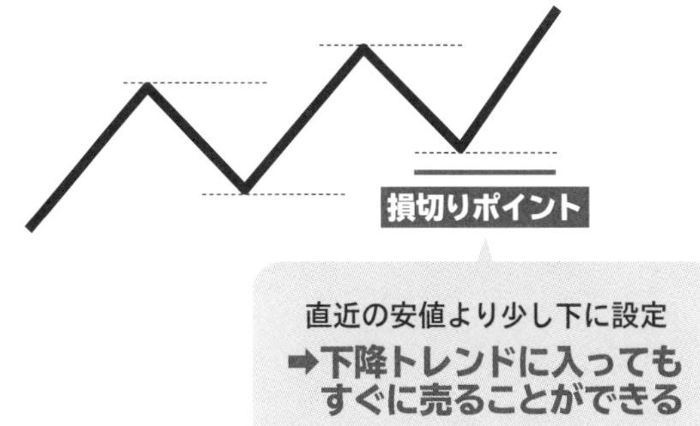

トレンド継続に沿った損切りポイント変更

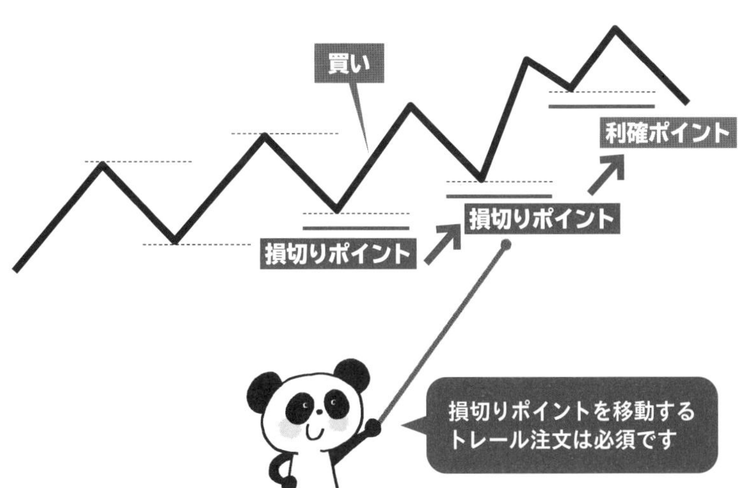

実践

05 チャートパターンで損切り①ヘッド&ショルダー

チャートの形で判断する「チャートパターン」分析

ダウ理論のほか、チャートを使って損切りポイントを設定するための手がかりには「チャートパターン」という選択肢があります。

複数のローソク足を１つの「パターン（形状）」として認識し、上げやすい（下げやすい）形を判断します。たとえば「ヘッド&ショルダー」は、トレンド転換を知ることができる代表的なチャートパターンです。日本では「三尊・逆三尊」とも呼ばれます。

急反転になりやすい「ヘッド&ショルダー」

ヘッド&ショルダーは、右図のように**トレンドの終盤でできる３つの谷（もしくは山）**のことをいい、下降トレンドからの反転局面では、山の高値を結んだ線（ネックライン）を上抜けることで、上昇が加速することが多いのです。

この特性を使って、ヘッド&ショルダーのネックラインを上抜けたタイミングで買いのエントリーを行います。

ただ、ヘッド&ショルダー完成でトレンドが必ず反転するわけではないですし、場合によってはネックラインを上抜けても反転してさらに安値を更新するケースもあります。そのため**３つめの谷の少し下に損切りポイントを設定しておくとよい**でしょう。

ヘッド&ショルダー（谷バージョン）の形

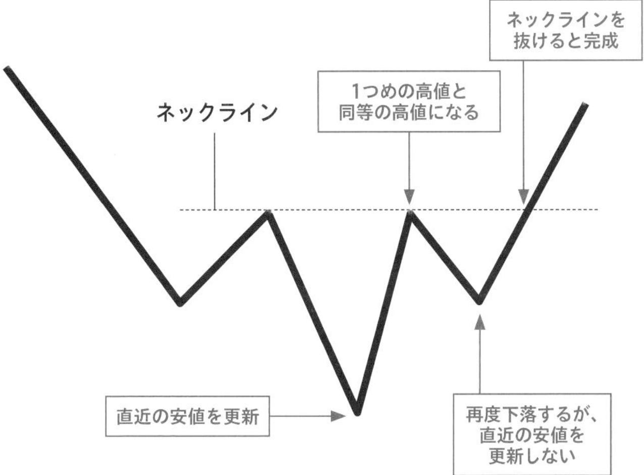

ヘッド&ショルダーの損切りポイント

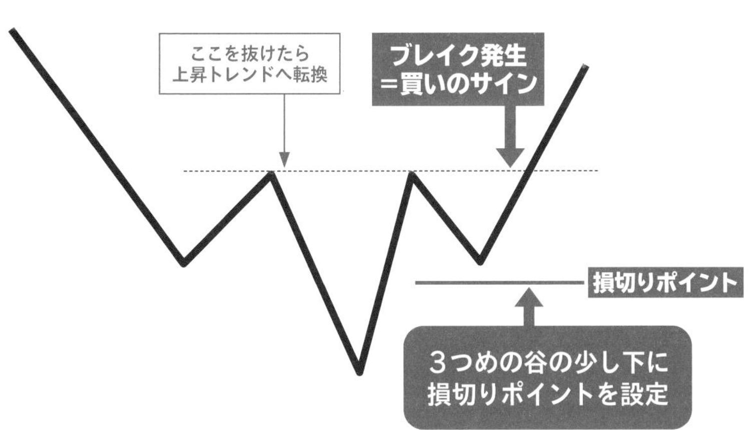

06 チャートパターンで損切り②ダブルボトム(トップ)

株価が急反転するチャートパターン

ダブルボトムは下降トレンドの底で２つの谷を作ったあとに反転するパターン、ダブルトップは上昇トレンドの天井で２つの山を作ったあとに反転するパターンです（右図参照）。

比較的出現頻度も高いので、とくに買いでエントリーする場合、ダブルボトムを意識しておくと、反転をとらえやすくなります。

ダブルボトムの場合、**２つの谷の中間部分の高値から水平線（ネックライン）を引いておき、ここを上抜けた時点で買いのエントリーをする**のが基本的な考え方です。

その場合は損切りポイントを直近の安値に設定することが多いですが、実践的な考え方からすると、反転して株価が下がった際に含み損が出る幅が大きくなってしまいます。

そこで、株価がネックラインを上抜けた時点ですぐにエントリーせず、**一度ネックラインまでの戻しを待ってからエントリーすると、損切りポイントを狭く設定することができます**。

また、上昇トレンド発生中にダブルトップが出現すると、トレンド転換の可能性が高まるので、ネックラインを下抜けた場合は利確の目安になります。

ダブルトップ(ボトム)の形

ダブルボトム

ダブルボトムの損切りポイント

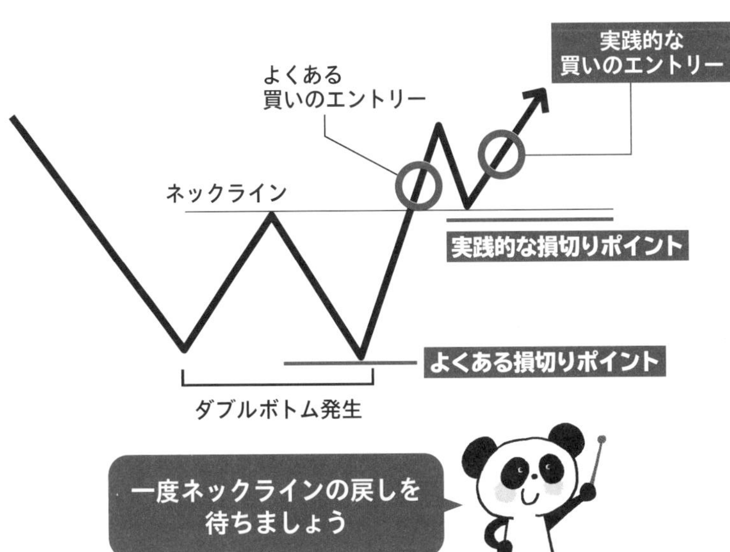

実践 07

チャートパターンで損切り③ 三角持ち合い

値動きが大きく変動する予兆

ヘッド＆ショルダーやダブルトップ（ボトム）はトレンドの転換点で出現するチャートパターンでしたが、トレンドの途中や値動きが停滞している場面で出現するパターンもあります。代表的なものが「三角持ち合い（トライアングル・フォーメーション）」です。

その名の通り、株価の高値を結んだラインと安値を結んだラインの幅が狭まり、形状が三角になるチャートパターンです。右図にある通り、高値と安値のラインがどちらも狭まる基本形のほか、高値もしくは安値のラインのどちらかが狭まる形状もあり、こちらはトレンド途中に出現しやすいです。

三角持ち合いが出現する過程では値動きが均衡し、トレンドが出づらくなっていることを示していますが、**上下どちらかのラインを抜けると大きな動きにつながりやすいのが特徴です**。

そのため、買いの場合は高値を結んだラインに注目しておき、株価がそのラインを上抜けたらエントリーするのが基本となります。

ただし、高値を結んだラインを上抜けても、必ず株価が上昇するわけではないため、損切りポイントも設定しておく必要があります。エントリーの条件と同様に、**安値を結んだラインを下抜ける場所に設定しておくと、損失を最小限に抑えることができます**。

三角持ち合いの種類

基本形

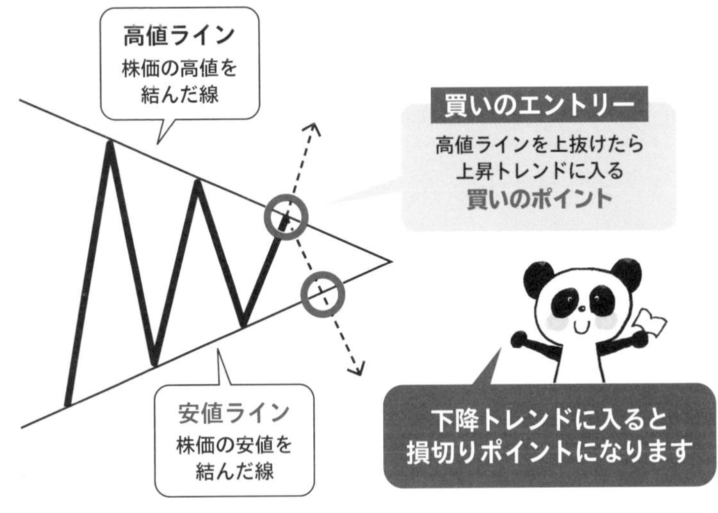

弱気の三角

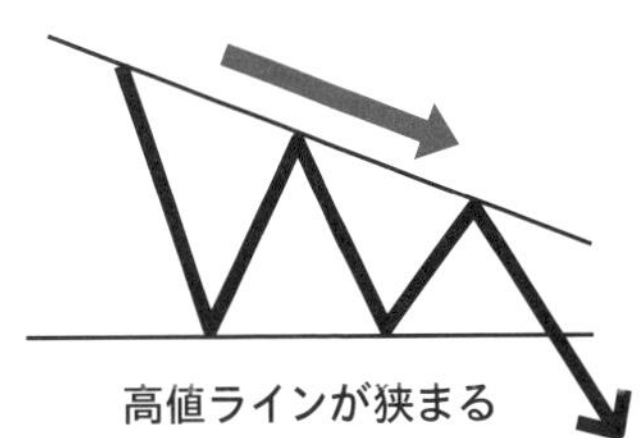

強気の三角

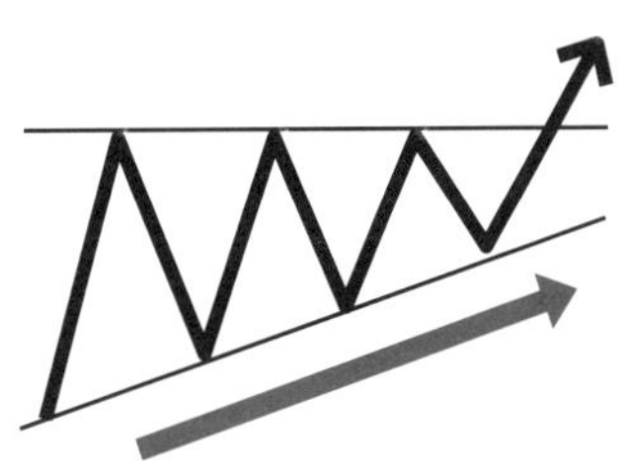

実践

08 チャートパターンで損切り④ フラッグ・ボックス・ウェッジ

三角保ち合いとセットで覚えるパターン

トレンドの途中に出るチャートパターンは、三角持ち合いのほかにも「フラッグ」や「ボックス」「ウェッジ」などがあります。

フラッグは高値を結んだラインと安値を結んだラインが平行になっているパターンで、形が旗のように見えることからこのような名称が付いています。たとえば、上昇のフラッグは右上図のように高値と安値のラインが平行に切り下がる形をしています。

ボックスは、高値と安値のラインがどちらも水平かつ平行に並ぶという点以外はフラッグと同じです。

ウェッジは三角持ち合いと形状が似ていますが、ウェッジ＝楔(くさび）という名称通り、高値・安値をそれぞれ結んだラインの幅が狭い形状をしています。株価の上昇時に出るウェッジでは、それぞれのラインが切り下がる形状で判断します。

売買の基本的な考え方は三角持ち合いと同様です。買いで入る場合には、それぞれの高値を結んだラインを上抜けたところでエントリーします。**損切りポイントは、前回の安値、もしくは安値を結んだラインを下抜ける場所に設定します**。いずれも次の大きな動きに向けてエネルギーをためている段階なので、流れが変わるポイントで買いのエントリー、損切りをすると考えましょう。

フラッグ・ボックス・ウェッジの形

フラッグ

安値のラインと高値のラインが平行に切り上げ・下げる。旗に見えることから「フラッグ」と呼ばれる

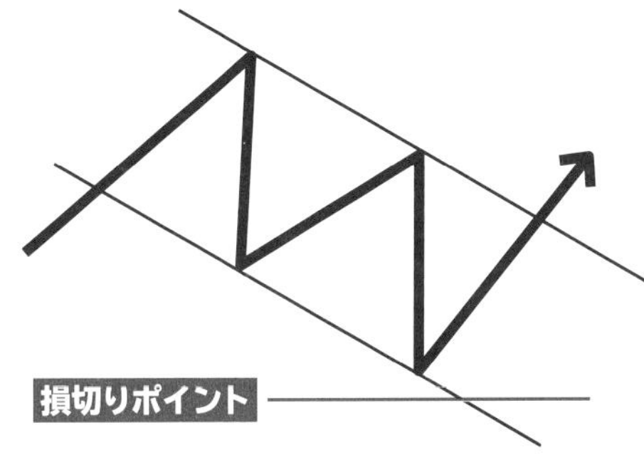

安値を下抜ける地点が損切りポイントです

ボックス

安値のラインと高値のラインが水平、平行に並ぶ

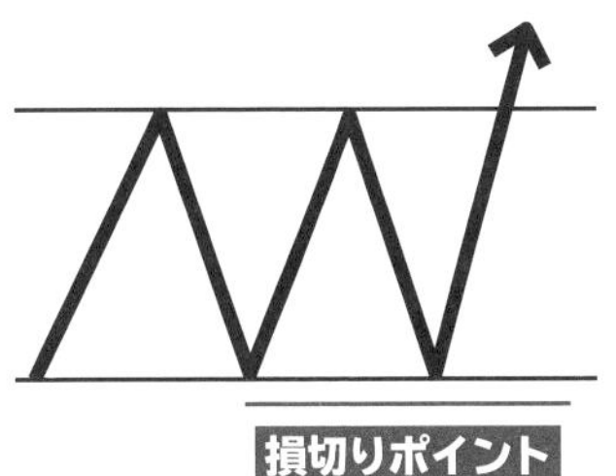

ウェッジ

三角持ち合いと似た形状
高値と安値のラインの幅が狭い

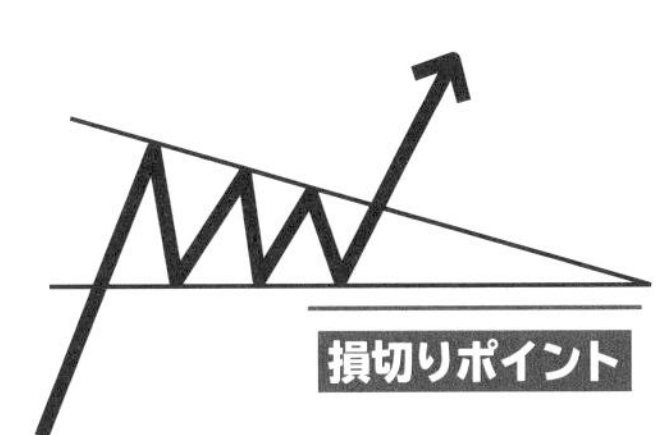

実践

09 チャートパターンで損切り⑤ フォロースルー

二度目の反発が「買い」傾向の証

下降トレンドが反発し、上昇トレンドへ転換する際に出やすいチャートパターンが「フォロースルー」です。右図のように、

①下降していた株価が反発

②反落するも直近の安値を下回らずに２回目の反発

③反発したまま直近の高値を抜く

この３つの条件を満たした形状をフォロースルーといいます。二度目の反発で直近の安値を下回らず、そのまま直近の高値を上抜けていくということは、それだけ買いの勢いが強いと判断できるため、買いのエントリーの基準として考えることができます。

フォロースルーを基準に買う場合、損切りポイントは直近の安値付近に設定しておきましょう。直近の高値を上抜けてフォロースルーが完成したとしても、そこからすぐに強く売られてダマシ（チャートパターンなどの売買サインが出てから反転すること）になり、下降トレンドが継続する可能性もあります。

こうした動きは「逆フォロースルー」と呼ばれ、フォロースルーを使って買った人の損切り注文が執行されるので、直近の安値に損切りポイントを置く、またはその時点で損切りが間に合わなければ、最初の安値を下回ったら損切りを手動で行いましょう。

買いの勢いが強いフォロースルー

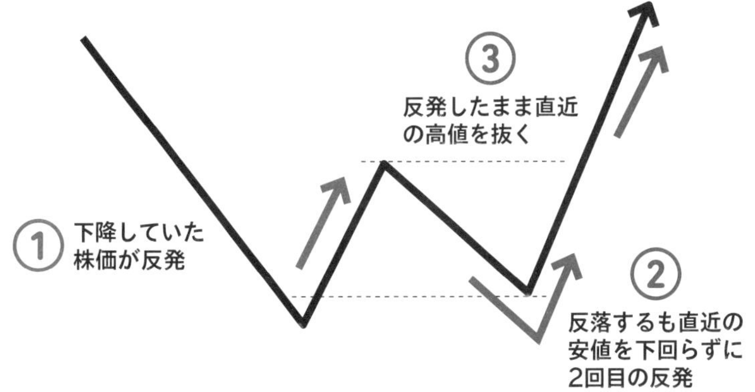

逆フォロースルーに備え損切りポイントを決める

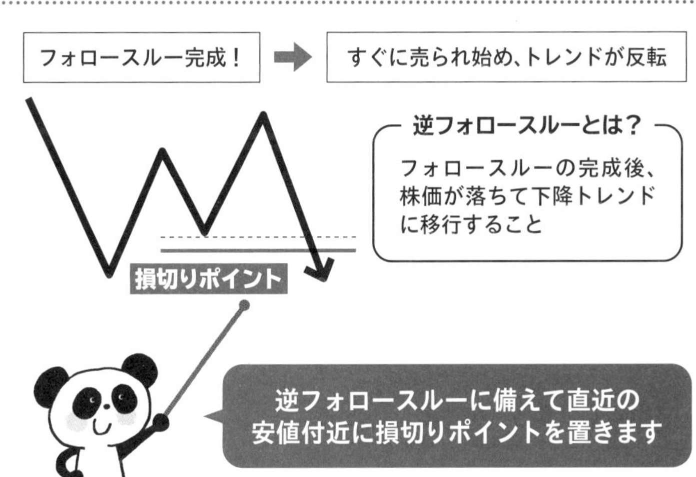

実践 10

チャートパターンで損切り⑥ プルバック

「ダマシ」の発生後にはいったん待つのもあり

54 ～ 63ページで解説したチャートパターンは、ネックラインや高値を結んだラインを上抜け（「ブレイクアウト」と呼びます）することで買いのサインとなる点は共通していて、多くの投資家に意識されています。ただし、**ブレイクアウトしたからといって必ず株価が上昇するわけではありません**。上方ブレイク後にこのまま株価が上昇すると思って買いのエントリーを出したものの、価格が反対方向に動いてしまい、結果的に損切りになってしまうというパターンも多くあります。

こうしたエントリーサインに反した動きを「ダマシ」と呼びますが、**これを回避するために「戻し（プルバック）」を待つのも１つの手です**。たとえば三角持ち合い（58ページ参照）であれば、ブレイクアウトの発生後、ブレイクアウト前の株価まで下がり、再度反転して上昇する、という動きが「戻し」です。

一度戻しが発生してから再度高値を更新するようなら、上昇の勢いが強いと判断できます。また、戻しを待ったエントリーでは、教科書的なエントリーよりも損切りポイントを狭く設定することができます。

ブレイク後に発生する「ダマシ」

株価がセオリー通りの動きをすると思われた直後にトレンドが反転することを「ダマシ」と呼ぶ。

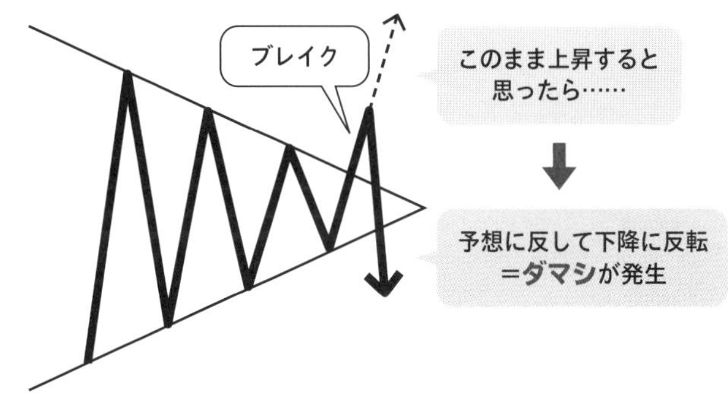

戻し（プルバック）を待つ

ダマシを回避するために「戻し（プルバック）」を待ってエントリーする。

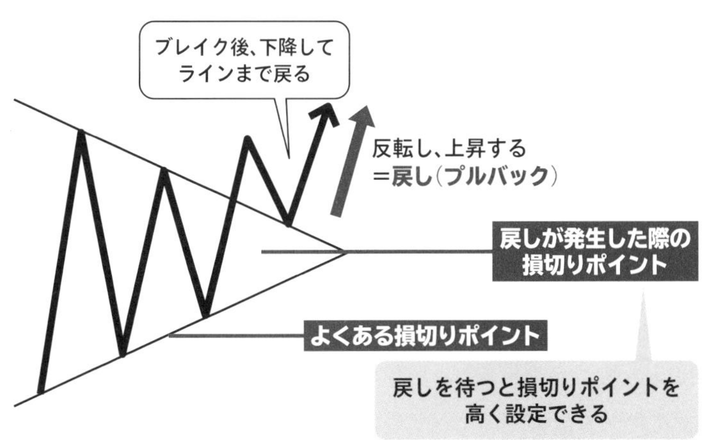

実践 11

チャートパターンで損切り⑦ 高値圏での下放れ

投資家の動揺がチャートに表れる

ここからは、エントリーと損切りポイント設定のような売買の基礎ではなく、ポジション保有時などでの利益確定や手動での損切りを含めて、「確認できたら逃げる（即決済する）べき形状」について解説します。

１つめは「高値圏でのもみ合いからの下放れ（したばなれ）」です。具体的には右図上でＡと書かれたローソク足のような、**高値圏でのもみ合いのあとに起きる株価の下落のことです**。

この銘柄を8000円前後で買った人の立場を想像してみてください。10月には１万4000円台の高値を付けており、6000円近く含み益が出ていたことになります。「次に上昇トレンドがきたら前回高値を超えるだろうから、まだ持っていよう」「もう一度１万4000円台に帰ってきたら利確しよう」と考え、１万4000円の高値では売らない人もいます。株価が高値圏でもみ合いになっているうちは「まだ上がる」と考える投資家が多いのです。

しかし、Ａ地点のローソク足のように大きく下放れすると多くの投資家は動揺して、相場の心理が一気に「売り」に傾き、株価が下がりやすくなります。そのため、**こうした高値圏のもみ合いからの下放れが発生した場合はすぐに決済してしまいましょう**。

即決済するべき高値圏からの下放れ

高値圏でもみ合いが続くと、多くの投資家は「上昇トレンド継続」か「下降トレンド突入」かを見計らっている。

〈GMOグローバルサイン・ホールディングス(3788)　日足　2020年9月〜11月〉

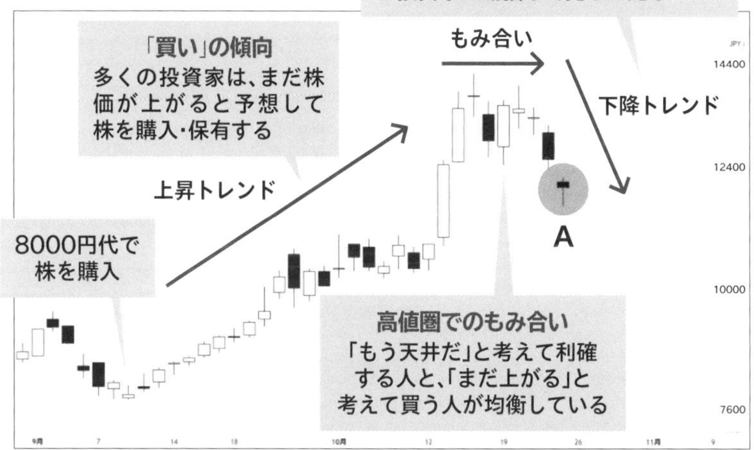

高値圏でのもみ合いから株価が下がり始めたら
➡ Aの時点ですぐに決済

実践 12

チャートパターンで損切り⑧ 急騰からの急落

一気に上がった株価は一気に下がる

もう１つの「すぐに逃げるべきチャートパターン」は、「急騰からの急落」です。株価の上がり方にはいろいろと種類があります。たとえば、ダウ理論のトレンド継続のように、安値を切り上げつつ、徐々に高値を更新していく上がり方であれば、長期的な視点で上昇トレンドになるケースが多いです。

一方、突発的なニュースなどによって大きく注目が集まった場合、１日あたりの値動きが大きくなり、チャート上では大きな陽線（白色のローソク足)となって急騰します。**このとき、買いのエントリーを出したほとんどの投資家は短期的な利益を狙っており、利益確定の動きが早いです**。そのため、株価の急騰後、とくに長い上ヒゲを伴ったピンバーが出ると、続くローソク足で短期的な急落につながりやすくなります。ピンバーとは、「胴が短く、上下どちらかのヒゲが長いローソク足」です（右ページのワンポイント参照)。

長期投資の場合、こうした急騰・急落は気にせずに保有を続けるのが基本です。ただし、一度短期的に急騰・急落した銘柄は、そこから再度上昇トレンドに移行するまでに時間がかかることが多いため、**上ヒゲの長いピンバーが出た場合は一度利益確定をしておくのがお勧めです**。

上ヒゲのピンバーは急落のサイン

〈BASE(4477)　日足　2020年11月〜2021年1月〉

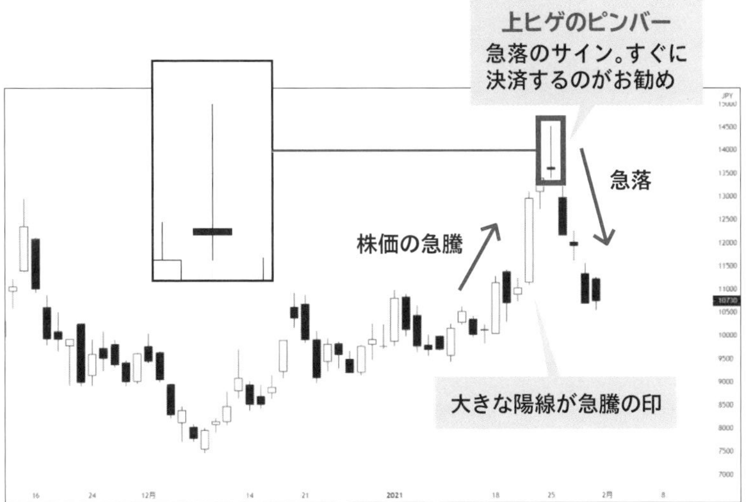

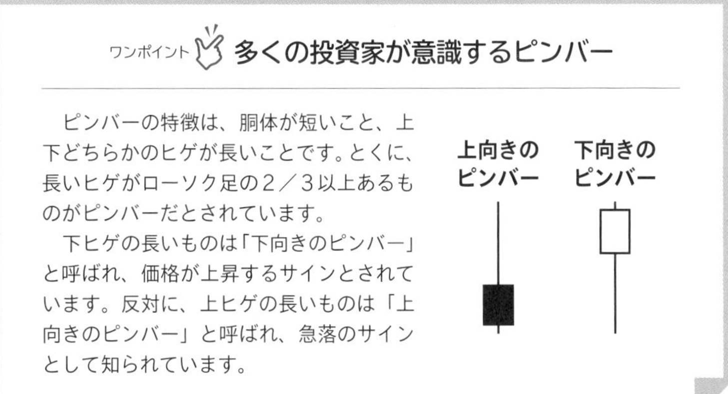

ワンポイント　多くの投資家が意識するピンバー

ピンバーの特徴は、胴体が短いこと、上下どちらかのヒゲが長いことです。とくに、長いヒゲがローソク足の2／3以上あるものがピンバーだとされています。

下ヒゲの長いものは「下向きのピンバー」と呼ばれ、価格が上昇するサインとされています。反対に、上ヒゲの長いものは「上向きのピンバー」と呼ばれ、急落のサインとして知られています。

Column 2　損切りできない心理②

非論理的な選択を促す損失回避性向

42ページでは損失回避について説明しましたが、この傾向はとくに損失について判断を鈍らせる要因となります。

たとえば、以下の選択肢について考えてみましょう。期待値を考えてみると、A（期待値30万円）よりもB（期待値36万円）、D（期待値36万円の損失）よりもC（期待値30万円の損失）のほうが得する可能性が高いのです。しかし、人間の選択には損失回避の傾向が働きます。質問１では損をする可能性を嫌って確実性の高いAを、質問２では、少しでも損失がなくなることを期待してギャンブル性の高いDを選ぶことが実証されています。

損切りできない人の心理というのはまさにDの状況そのもので、今損切りを実行すれば30万円の損失で済むのに、「もしかしたら反発するかも」と考えて塩漬けになり、最終的に36万円の損失を出してしまうのです。

損失を避けようとして逆効果になる

質問1

A:100%の確率で30万円の利益が得られる

B:80%の確率で45万円の利益が得られるが、20%の確率で利益は得られない

損をしたくないから、確実性の高いA

損失回避性向

C:100%の確率で30万円の資産を失う

D:80%の確率で45万円を失うが、20%の確率で損失は出ない

少しでも損失を減らしたいからD

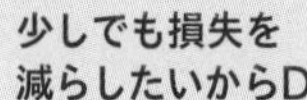

✎章末練習問題①

「ダウ理論を使った損切りポイントの設定」を、実際のチャートを例に問題形式でおさらいしましょう。

下図を見てください。このチャート上の右端の時点で株を買う場合、ダウ理論のトレンド継続、転換の考え方を踏まえると、どこに損切りポイントを置けばよいでしょうか？

最初に考えるべきは、チャートの前半にある下降トレンドに、右端のローソク足が含まれるかどうか？　という点です。下降トレンドに含まれない場合は、どこでトレンドが転換したのかを、安値と高値に線を引いて確認しましょう。

〈ワークマン(7564)　日足　2020年2月～5月〉

ヒント
- 下降トレンドは継続しているのかを確認する
- 損切りポイント＝現在のトレンドの底

解答は次ページ▶

練習問題①の解答

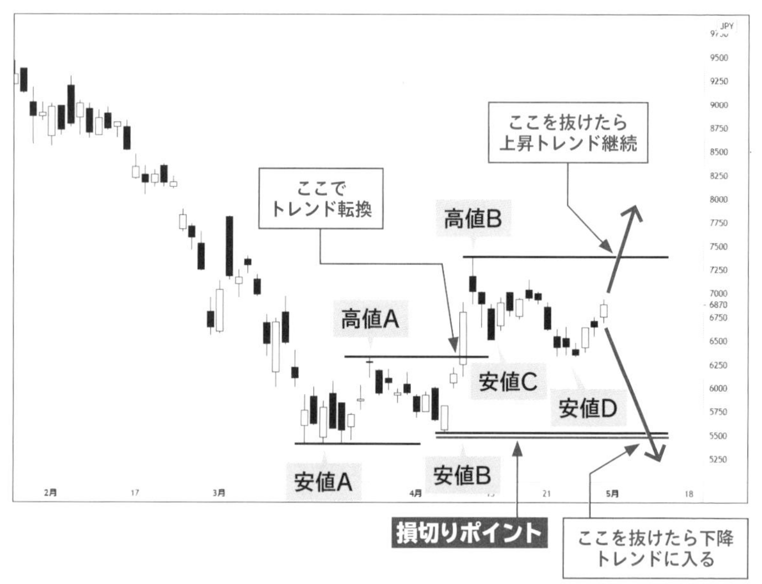

正解は、上図に安値Ｂと記されたポイントです。

チャート前半から続いた下降トレンドは安値Ａを下抜けませんでした。そのまま直近の高値（高値Ａ）を上抜けて、上昇トレンドに転換し、高値Ｂができました。つまり、「右端のローソク足は下降トレンドに含まれるか」に対する答えは「含まれない」となります。

現時点では、高値Ｂは上昇トレンドの天井（直近にできたもっとも高い株価）です。**高値Ｂが確定した時点で、株価チャートが高値Ｂを上抜けると上昇トレンドが継続する、安値Ｂを下抜けると下降トレンドに転換する**、という転換ポイントが決まります。

したがって、右端の直近にできた２つの安値（安値Ｃ、Ｄ）ではなく、下降トレンドへの転換ポイントとなる安値Ｂが正解です。

✏章末練習問題②

下図のチャートは、練習問題①のチャートから、半月ほど時間が経ったものです。右端のローソク足が、高値Bを上抜けていることがわかります。ダウ理論に沿って損切りポイントをどこに移動させたらよいかを考えてみましょう。**ヒントは、上昇トレンドが継続しているか、していないか、という点です**。「トレンドの継続状態」を思い出しながら判断しましょう（50ページ参照）。

上昇トレンドについての判断ができたら、次は「どの地点を下抜けると下降トレンドに入るのか」を考えましょう。そのラインが損切りの地点となります。

〈ワークマン（7564）　日足　2020年2月～5月〉

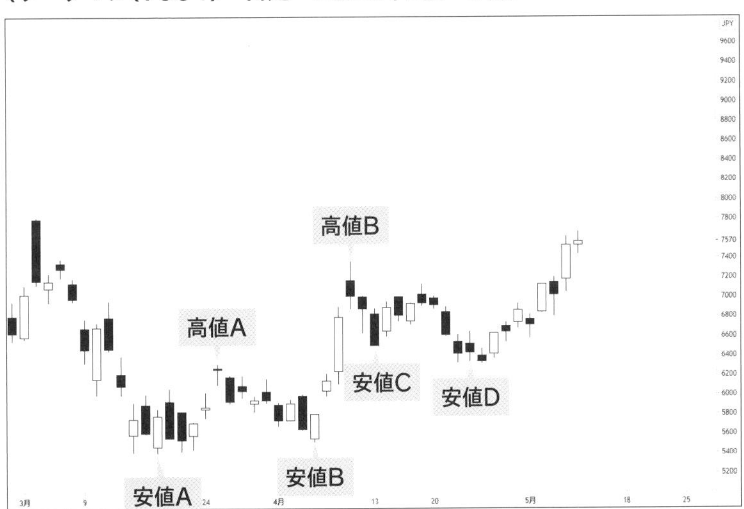

ヒント
- **上昇トレンドは継続しているのかを確認する**
- **損切りポイント＝下降トレンドへ転換する地点**

解答は次ページ▶

練習問題②の解答

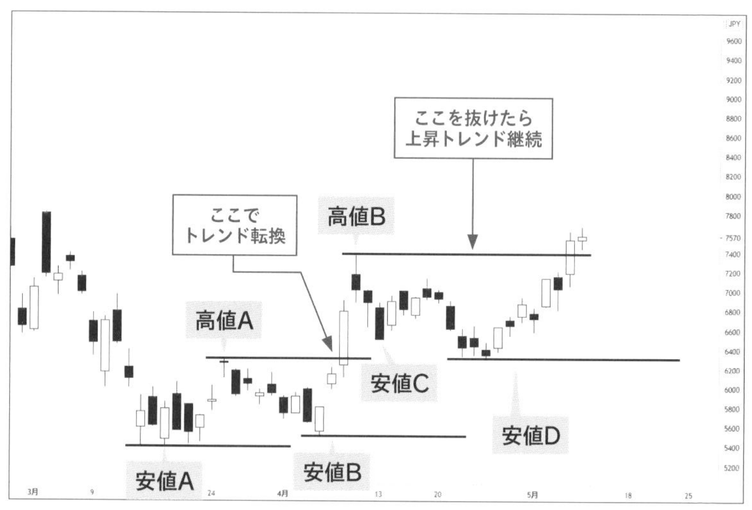

まずは、上昇トレンドが継続しているかを考えましょう。

右端のローソク足は、高値Bを上抜けています。直近の高値を上抜けているため、ダウ理論に沿って考えると、上昇トレンドが継続していると判断できます。

続いて「下降トレンドに入る地点」について考えます。これは、直近安値を下抜けることが条件の1つでした。上図においては、直近安値は安値Dです。つまり、**もしも株価が安値Dを下抜けた場合、下降トレンドに入るため、安値Dが損切りポイントとなります**。

安値Bを損切りポイントと考えた場合は、トレール注文について復習しましょう（52ページ参照）。

上昇トレンドが継続している場合、値動きに合わせて損切りポイントを移動させる必要があります。

章末練習問題③

54 ～ 69ページで解説した「チャートパターンで損切り」について、復習も兼ねて練習問題を解いてみましょう。

下図を見てください。**このチャート内では、買いでエントリーできるチャートパターンが発生しています**。本章で解説したうちどのチャートパターンかを判断したうえで、買いのエントリーのポイントと、損切りポイントをそれぞれ設定してください。ここで発生しているチャートパターンは実践でもよく使われます。

〈MONOTARO(3064)　日足　2019年12月～2020年5月〉

ヒント
- 2回目の安値に下ヒゲ＋陽線の反発がある
- 軽い反落を経て高値を付けている

解答は次ページ▶

練習問題③の解答

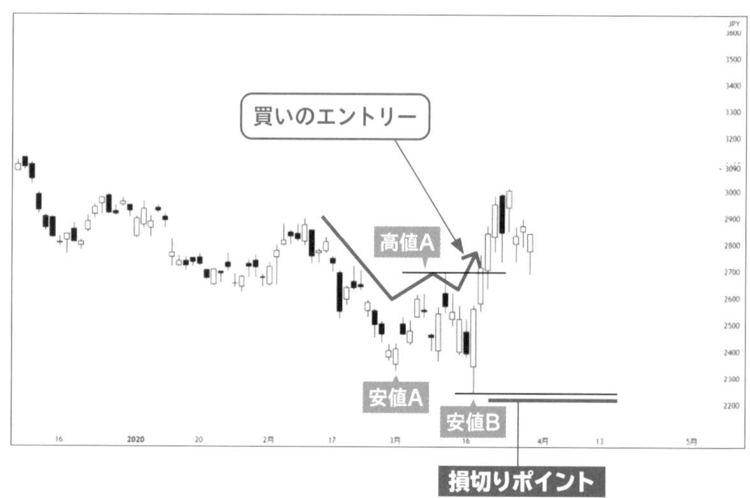

このチャートから読み取れるチャートパターンは「ダブルボトム」です（56ページ参照）。

チャートの前半から下降トレンドが続いていましたが、チャート中盤での二度目の安値（安値B）が下ヒゲとなっています。また、このローソク足をキッカケに、長い陽線（白いローソク足）で反発しています。日足のローソク足で陽線が出ているということは、その日の始値よりも終値のほうが高い、つまり株価が上昇傾向にあるということです。

この時点で、２つの谷を作って反発するダブルボトムが想定できます。ネックラインは、２つの谷の間で付いた高値（高値A）から水平に引きます。株価がこのネックラインを上抜けたところが買いのエントリーのポイントです。

損切りポイントは、直近の安値（安値B）の少し下に設定します。

章末練習問題④

下図を見てください。これは、練習問題③のチャートから半月ほど経過したチャートです。

ここでは、練習問題③で発生したダブルボトムのほかに、さらに買いでエントリーできる１つチャートパターンが発生しています。どのチャートパターンが発生しているかを判断し、そのチャートパターンに沿った買いのエントリーのポイント、損切りポイントを設定してください。

ヒントは、右端のローソク足が直近の高値（高値Ｂ）を更新しているという点です。

〈MONOTARO(3064)　日足　2019年12月～2020年5月〉

ヒント
- 反発(＝下降トレンドからの上昇)が発生
- 右端のローソク足が直近高値を更新している

解答は次ページ▶

練習問題④の解答

このチャート内で新たに発生したチャートパターンは「フォロースルー」です（62ページ参照）。

右端のローソク足に注目してください。このローソク足は、ダブルボトム完成後にできた高値Bを更新しています。

このことから、安値Bから右端のローソク足にかけて、フォロースルーの３つの条件「①下降していた株価が反発」「②反落するも直近の安値を下回らずに２回目の反発」「③反発したまま直近の高値を抜く」にあてはまることがわかります。

つまり、直近の高値（高値B）を上抜けた右端のローソク足が、２つめの買いのエントリーのポイントということです。

フォロースルーが発生した際は、逆フォロースルーに備える必要があります。そのため、損切りポイントは直近の安値（安値C）に設定するのが正解です。

3章

実践

相場の動きを読んで損切りするテクニカル指標

テクニカル指標とは、今後の動向を可視化するために用いる指標です。まずは多くの投資家に親しまれている「移動平均線」を学んでいきましょう。

実践

01 テクニカル指標を用いて損切りポイントを決める

順張りに有効な指標はテクニカル指標

２章ではダウ理論とチャートパターンという２つの視点で損切りポイントを設定する方法を解説しました。本章では、チャート上のもう１つの要素「テクニカル指標」を使った損切りポイントの設定方法を解説します。

テクニカル指標とは、チャートパターンやダウ理論と異なる角度で今後の動向を予測するために用いられる指標のことです。

テクニカル指標は大きく分けると「トレンド系」「オシレーター系」「そのほか」の３種類があります。トレンド系は文字通り「トレンドが上下どちらに出ているか」「どれくらいトレンドの勢いがあるか」など、トレンドの動向を視覚化する指標です。**とくに順張りでトレンドに沿って売買を行う場合、トレンド系指標で分析を行うことで、売買の精度を上げることができます**。

オシレーター（振り子）系指標は株価が「上がり過ぎているか」「下がり過ぎているか」を判断するテクニカル指標で、レンジ相場での逆張りで使うことが多いです。逆張りとは、株価が下がったときに買い、株価が上がったときに売る手法です。逆張りでは、損切りの基準を設定する際に工夫が必要なので、トレンド系指標の扱いに慣れてから勉強するとよいでしょう。

テクニカル指標の種類

テクニカル指標は、指標の種類ごとに得意な分析内容が異なる。

トレンド系指標  **順張り向け**

移動平均線、ボリンジャーバンドなど

- トレンドの向き
- トレンドの勢い

→ **トレンドの方向性がわかる**

順張りは
初心者が使いやすい手法です

オシレーター系指標  **逆張り向け**

RSI、ストキャスティクスなど

- 買われ過ぎている
- 売られ過ぎている

→ **トレンドの終わり・反発がわかる**

逆張りは順張りに慣れてから
使ってみましょう

初心者が使うべきは移動平均線

このように、テクニカル指標はさまざまな種類があり、どれを使うか迷ってしまいます。しかし、初めはもっとも扱いやすい「移動平均線（84ページ参照）」を使えるようになりましょう。**移動平均線はトレンド系の代表的なテクニカル指標であり、チャート上に表示することで、トレンドを視覚的に理解しやすくなります**。

再三ですが、損切りを行うためにはまず「買う理由」が必要です。トレンドに沿った順張りの場合、**トレンドが発生（もしくは継続）したら買い、トレンドが崩れたら利確・損切りを行います**。前述したダウ理論では、こうしたトレンドの有無をローソク足の組み合わせだけで確認しましたが、ここに移動平均線を加えることで、精度を上げることができるのです。

具体例を見てみましょう。右図はBASE（4477）の2020年以降の日足チャートに、25日単純移動平均線を表示させたものです。まずローソク足の動きを見ると、2020年４月以降一貫して強い上昇トレンドが続き、10月に１万7000円台の高値が付いたあと、トレンドが転換し、一気に１万円台まで下がっています。

ここで移動平均線に注目すると、４月に株価が移動平均線を上抜けてから上昇トレンドが発生し、10月に移動平均線を下抜けたことで上昇トレンドが終了しています。

つまり、この銘柄に対して**「移動平均線を上抜けたら買い、下抜けたら利確・損切り」**というルールでエントリーした場合、上昇トレンドの始まりから終わりまで、きれいに乗ることができるのです。

移動平均線によるトレンド予想

移動平均線は初心者が使いやすいテクニカル指標。
移動平均線に沿って利確・損切りポイントを置くと……

トレンドにうまく乗ることができる

〈BASE(4477)　日足　2020年11月〜2021年2月〉

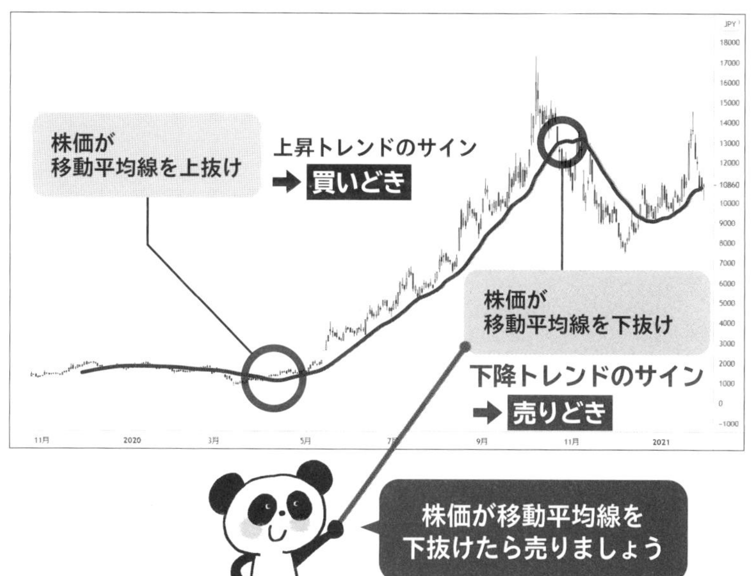

実践 02

適切な損切りポイントを探すツール　移動平均線

直近の株価の平均がわかる指標

具体的な損切りポイントの設定方法を説明する前に、まずは移動平均線の基本的なしくみを解説します。

移動平均線とは、**文字通り「値動きの平均値を移動させたグラフ」のことです**。

「5日移動平均線」「25日移動平均線」という名前の線を見たことがある人も多いかと思いますが、**この「5日」や「25日」というのは、「平均値を計算する期間」のことです**。

5日移動平均線のケースで考えてみましょう。直近の5日間の終値（該当の時間軸で最後に付いた価格）が、それぞれ500円、600円、550円、450円、400円だったとします。この場合、5日間の株価の平均値は500円となるので、チャート上には500円の地点に点が打たれます。

6日目の終値が550円だとすると、2日目から6日目までの平均値、510円の地点に点が打たれます。7日目の終値が決まれば、3日目から7日目の平均値を、8日目の終値が決まれば4日目から7日目の平均値を……とくり返し、チャート上に打たれた点をつなぐことで線が完成します。

これが、移動平均線のおおまかなしくみです。

移動平均線のしくみ

終値をベースとした移動平均線

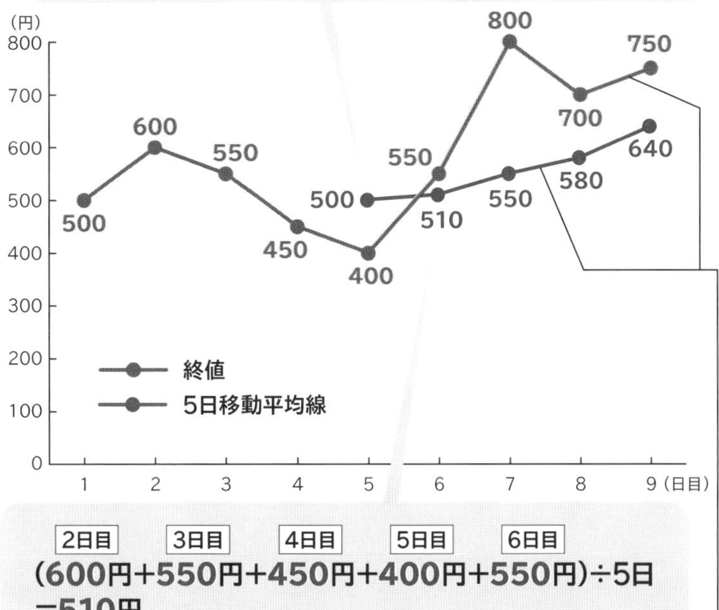

移動平均線では、株価だけではわからない相場の動きがわかるんだね

「方向性」を見て目先の値動きに戸惑わない

終値の平均値をつないだ線（＝移動平均線）でわかるのは「価格の方向性」です。

85ページの図を見てください。７日目以降の終値が800円、700円、750円になっています。１日ごとの終値しか見ていないと「昨日は終値が800円だったけど今日は700円だったから、下がったのか……」という印象を受けてしまいますが、**移動平均線を見ると平均値は上昇していることがわかる**ため、「それぞれの期間において、買っている人が平均的に増えている」と判断できます。

「株価の方向性」とは、細かい値動きだけでは気付きづらい、おおまかな動きです。順張りに沿って利確・損切りを行う際には、この考えはとても重要なのです。上昇トレンドとは、「売る人よりも買う人のほうが多い状態」のこと。つまり、移動平均線の方向を見ることで現在の株価がトレンドにあるのか、それともレンジなのかを視覚的に判断できるようになります。

実際のチャートを見てみましょう。右上図は移動平均線を表示していない素のチャートです。11月から始まった上昇トレンドが今後も継続するかどうか、判断に悩む場面ですね。

しかし、ここに25日移動平均線を表示させた右下図を見ると、2021年１月以降は**移動平均線が緩やかに下向きになっており、上昇トレンドが停滞していることがわかります**。このことから、右端の時点では買いを控えたほうがよいと判断できます。2020年12月ごろから買いで入っている場合であれば、一度損切りを行い、上昇トレンドを待って買い直したほうがよいでしょう。

移動平均線によるトレンドの判断

ローソク足のみ

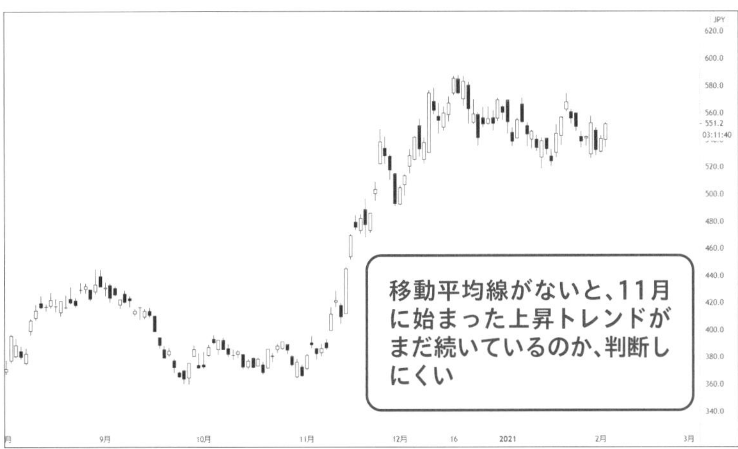

ローソク足＋25日移動平均線

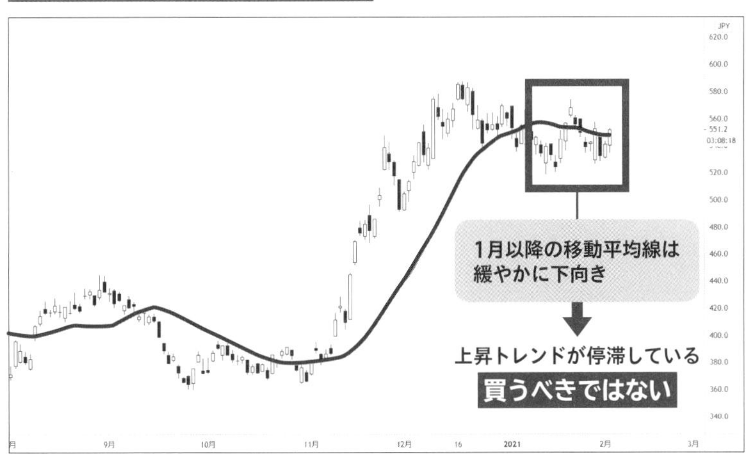

03 移動平均線で損切り①平均値は心理的な境界線

平均と比較するとトレンドの勢いがわかる

移動平均線を見るにあたって、もう１つ注目したいのが「ローソク足と移動平均線の位置」です。

移動平均線は「一定期間の株価の平均値をつなげた線」なので、25日移動平均線であれば、過去25日間の平均値がどのように動いたかを知ることができます。この**「平均値から見て、現在の株価がどの位置にあるか」というのはとても重要なポイントです**。

たとえば、学力テストで60点を取っても、クラスの平均点が40点であれば自分の点数が「相対的に高い」ことがわかります。反対に、平均点が80点であれば、「相対的に低い」とわかります。つまり、平均値が評価の心理的な境界線になるわけです。

これはチャートでも同様です。25日移動平均線が上向きになっている状況で、株価が移動平均線より上で推移している場合、「過去25日間の平均値よりも現在の株価が高い＝買いの勢いが強い」と判断できます。反対に、25日移動平均線が上向きになっていて、株価が移動平均線の下で動いている場合は、「上昇トレンドではあるが、買いの勢いは弱まってきている」と判断できるのです。

移動平均線が心理的な「境」として機能するという考え方は、買いのエントリーや損切りポイントを設定する際の基礎となります。

移動平均線とローソク足に注目する

注目ポイント

平均と比べると
相場の勢いがわかります

❶移動平均線の向き

上向き＝最近の株価は**上昇**基調

下向き＝最近の株価は**下降**基調

❷ローソク足の位置

移動平均線よりも……

ローソク足が**上**＝過去の平均値より**高い**

ローソク足が**下**＝過去の平均値より**低い**

〈OLYMPICグループ(8289)　日足　2020年6月～11月〉

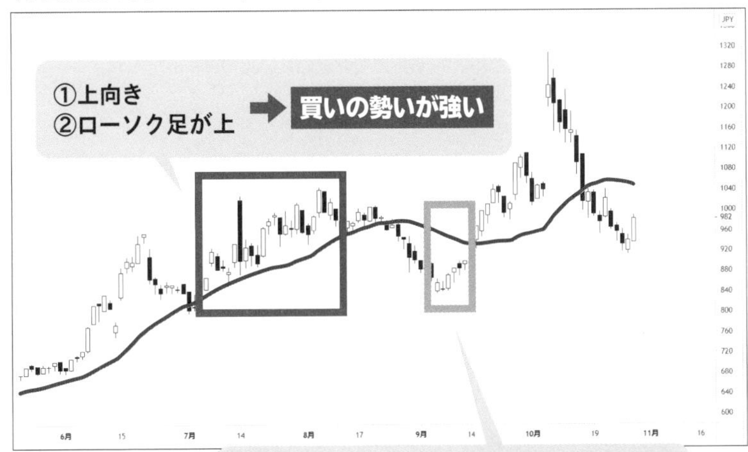

実践

04 移動平均線で損切り②下抜けで売り

多くの投資家が移動平均線に注目している

移動平均線が「心理的な境」として機能するということは、トレンドという大きな波が切り替わる「節目」になるということです。

この節目は、移動平均線の特性を知っている投資家の多くが意識しているポイントなので、**移動平均線の上抜けや下抜けが起こった際には、その動きに合わせて売買が加速しやすくなります**。

つまり、移動平均線を軸にして、ローソク足が移動平均線を上抜けると「上昇トレンドの始まり」と判断されて買われやすくなり、上昇トレンドが継続中にローソク足が移動平均線を下抜けると、トレンドがひと段落したと判断されて売られやすくなるのです。

移動平均線を活用した損切りやエントリーはこの特性を利用します。シンプルに、**「ローソク足が移動平均線を上抜けたら買い、下抜けたら売り（利確or損切り）」を行えばよいのです**。戦略として単純過ぎると考える人もいると思いますが、タイミングや銘柄選びを間違えなければ十分機能します。

右図は、日足チャートに25日移動平均線を表示したものです。「上抜けで買い・下抜けで売り」の戦略でエントリーした場合、何度か損切りは発生していますが、損失自体は小さく抑えつつ、上昇トレンドをしっかりとつかむことができます。

移動平均線はほかの投資家も見ている

移動平均線を軸として……

ローソク足が上抜けた場合

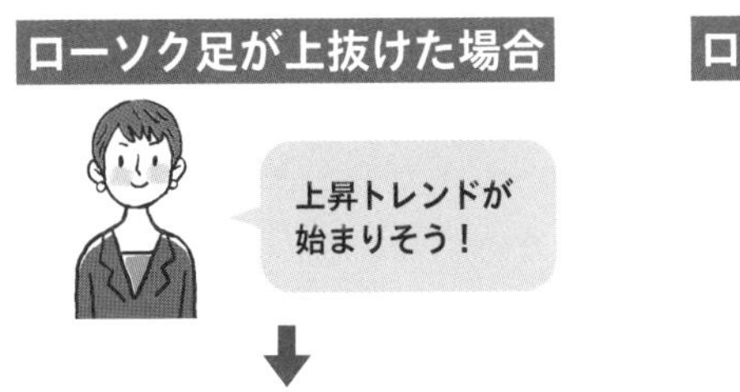

買いが活発に

ローソク足が下抜けた場合

売りが活発に

〈くら寿司(2695)　日足　2019年12月～2021年2月〉

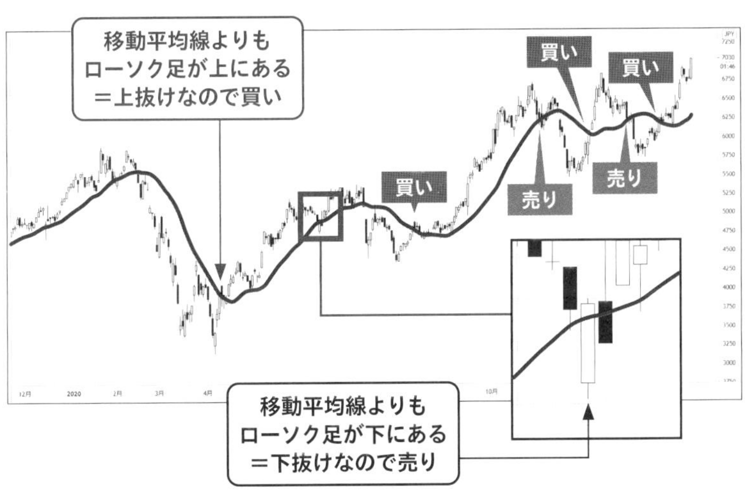

上抜けたら買い、
下抜けたら売りましょう

05 移動平均線で損切り③押し目買い

トレンドの中盤における買いの基準

移動平均線を軸にした売買を行う場合、90ページで紹介した戦略でも十分ですが、移動平均線の上抜けで買いそびれると、再度トレンドが発生するまで待つ必要があります。そのため、「上抜けで買い・下抜けで売り（利確、損切り）」の戦略に加えて、**上昇トレンドが強く継続した場合における、「トレンド中盤での買い・売り（利確・損切り）の基準」を設ける必要があります**。

その際に役に立つのが「グランビルの法則」です。グランビルの法則とは、移動平均線を使った８つの売買サインです。右図のように、１本の移動平均線とローソク足の位置で、買いと売りでそれぞれ４パターン、合計８つの売買サインを示しています。

パターン①は「上抜けで買い」と同じ考え方ですね。重要なのは②と③のパターンです。移動平均線を下抜けてから反転するか、手前で反転するかという違いはありますが、**②と③はどちらもトレンドの途中で発生する買いのサインとして、多くの投資家に意識されています**。

株価の上昇中、一時的に株価が下がるタイミング（この動きを**押し目**といいます）を狙う手法であり、このサインはトレンド途中で買う際の基準（通称、押し目買い）としてピッタリです。

グランビルの法則の8つのサイン

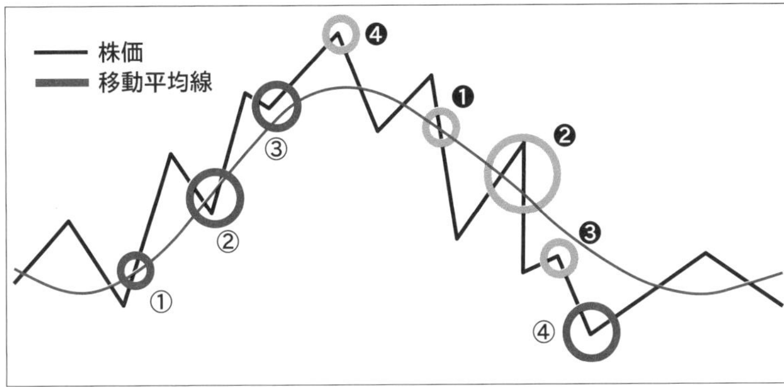

買い

①横ばいもしくは上昇基調の移動平均線で、株価はそれを上抜け（90ページ参照）

②横ばいもしくは上昇基調の移動平均線を一度下抜けたものの、すぐに上抜け

③横ばいもしくは上昇基調の移動平均線付近で反発

④下降基調の移動平均線から大きく乖離して下落（反発を狙う）

売り

❶横ばいもしくは下降基調の移動平均線で、株価はそれを下抜け（90ページ参照）

❷横ばいもしくは下昇基調の移動平均線を一度上抜けたものの、すぐに下抜け

❸横ばいもしくは下昇基調の移動平均線付近で下落

❹上昇基調の移動平均線から大きく乖離して上昇（反落を狙う）

買いの④と売りの❹は逆張りの戦略で、本書では使いません

06 移動平均線で損切り④ グランビルの法則

買い増しか損切りかを決めるルール

92ページで解説した「押し目買い」の戦略を具体的に解説します。右図は、日足チャートに25日移動平均線を表示し、グランビルの法則の①～③に沿った買いのポイントを矢印で示したものです。

図にある通り、移動平均線の上抜けで買いそびれた場合でも、②や③を狙うことでトレンドの押し目で買うことができます。利確・損切りをする場合は、90ページの解説通り、株価が移動平均線を下抜けたタイミングを狙いましょう。

しかし、この利確・損切りの基準は、グランビルの法則②にも似ています。つまり、**株価が移動平均線を下抜けそうになったとき、利確・損切りをするべきか、グランビルの法則②に則って買い増すべきか悩みやすいということです**。

そのため、この２つを区別するルールを設けましょう。グランビルの法則②では、右下図のように下ヒゲを伴ったローソク足で抜ける場合が多いため「下ヒゲ＋次の足で反転が確認できたら買い」としておき、移動平均線を下抜けたあとに、次の足で移動平均線の上に戻らなければ売りと判断します。損切りの場合も同様です。どのポイントでのエントリーでも**株価が反転して移動平均線を下抜け、次の足で移動平均線の上に戻らなければ損切りを行います**。

グランビルの法則を利用した買いのタイミング

移動平均線の上抜け(①)で買いそびた場合でも、トレンドの押し目(②③)を狙って買うことができる。これを押し目買いという。図中の①、②、③は93ページのグランビルの法則で解説した番号を意味する。

〈良品計画(7453)　日足　2020年3月〜2021年2月〉

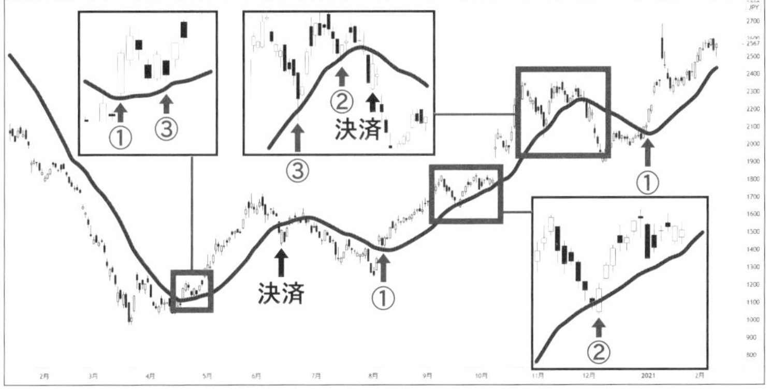

〈良品計画(7453)　日足　2020年10月〜2021年1月〉

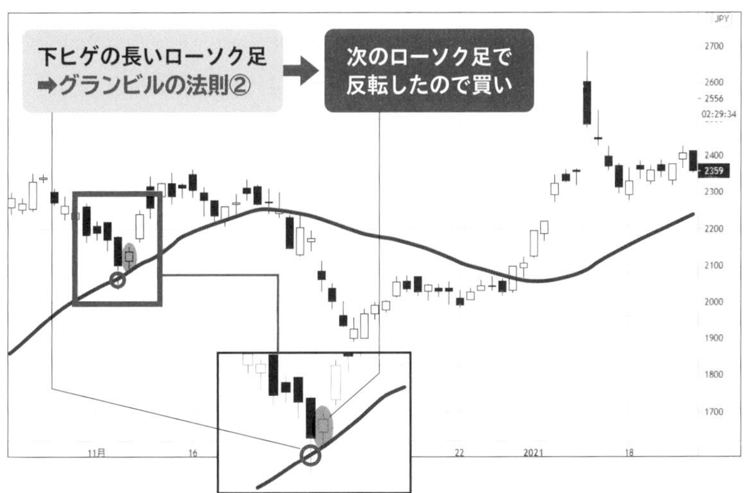

実践 07

移動平均線で損切り⑤ チャートパターンと併用

2つの手法を組み合わせて精度を上げる

移動平均線を使った売買戦略は、２章で解説したチャートパターンと組み合わせることで、よりエントリーや損切りの精度を上げることができます。右図は、MONOTARO（3064）のチャートに、25日移動平均線を足したものです。チャートパターンの視点で見ると、このチャートではフラッグ（60ページ参照）とダブルボトム（56ページ参照）のブレイク、そのあとに続くフォロースルー（62ページ参照）のブレイクという２つのエントリーポイント（それぞれ〇を入れた箇所）があります。

チャートパターンだけでも十分売買の根拠となりますが、ここに移動平均線を表示させると、前半の買いのポイントはグランビルの法則①、２つめの買いのポイントも、グランビルの法則③にあてはまるため、より強い買いのサインと判断できます。

チャートパターンを使った損切りラインは、それぞれ右図の損切りポイントA、Bとなりますが、**移動平均線を活用することで、損切り幅をより狭く設定することができます**。

損切りポイントは狭ければ狭いほどよい、というわけではありませんが、「移動平均線を下抜けたとき」を基準にすることで、トレンドが崩れるポイントをより細かく判断することができます。

移動平均線とチャートパターン

チャートパターンと移動平均線を組み合わせると、より高い精度で取引することができる。

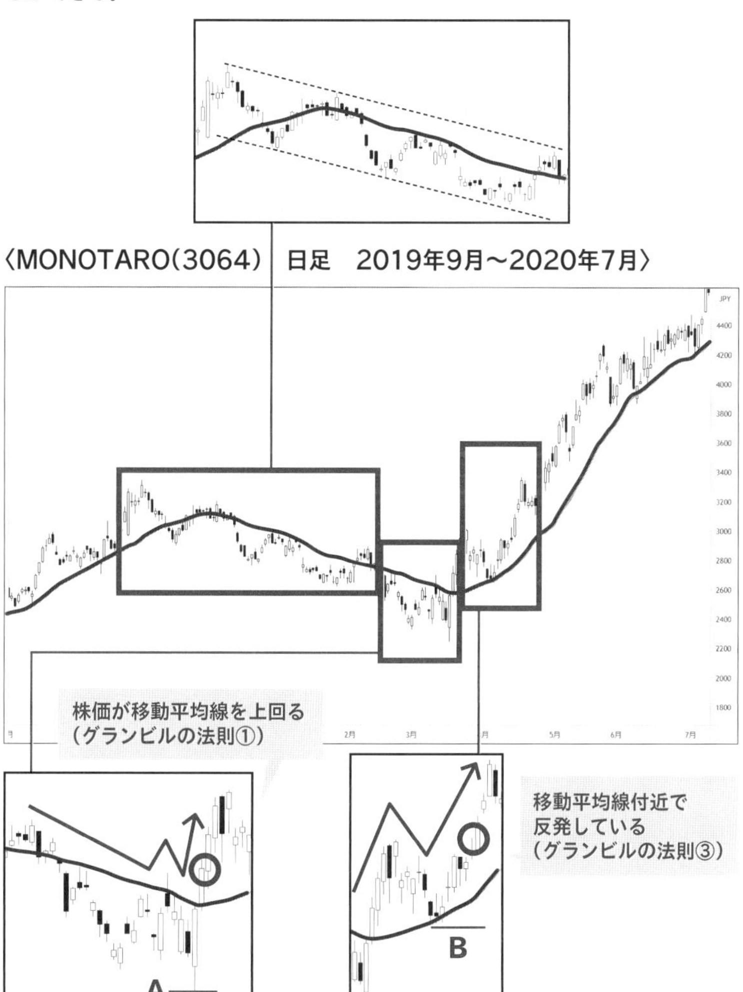

08 移動平均線で損切り⑥ 数値の設定を変える

場面・用途に応じて設定を変更する

ここまでの図では、25日移動平均線（以下、25日線）を使って解説してきました。しかし、実際に移動平均線を使ってチャート分析を行う場合には、**パラメーター（5日、25日といった日数の設定）や線の種類を吟味して、もっともその銘柄にフィットした移動平均線を使うべきです**。

たとえば、右図は10日移動平均線（以下、10日線）と25日線を同時に表示したものです。仮に25日線だけを表示した状態であれば、線と株価の間隔がかなり離れているため、エントリーできるのはグランビルの法則①の場所のみとなります。

一方、10日線を基準に見ると、10日線に沿った上昇トレンドが発生しており、グランビルの法則②や③でもエントリーできる箇所が確認できます。つまり、この場合25日線はこの銘柄にフィットしておらず、10日線のほうが適切だとわかります。

このように、**トレンドが強い場合は5日や10日の移動平均線を使うことが多いです**。反対に、**中期・長期的なトレンドを確認したい場合は75日や100日などの設定がフィットします**。

適した移動平均線を使う

〈GMOグローバルサイン・ホールディングス(3788)　日足　2020年2月〜8月〉

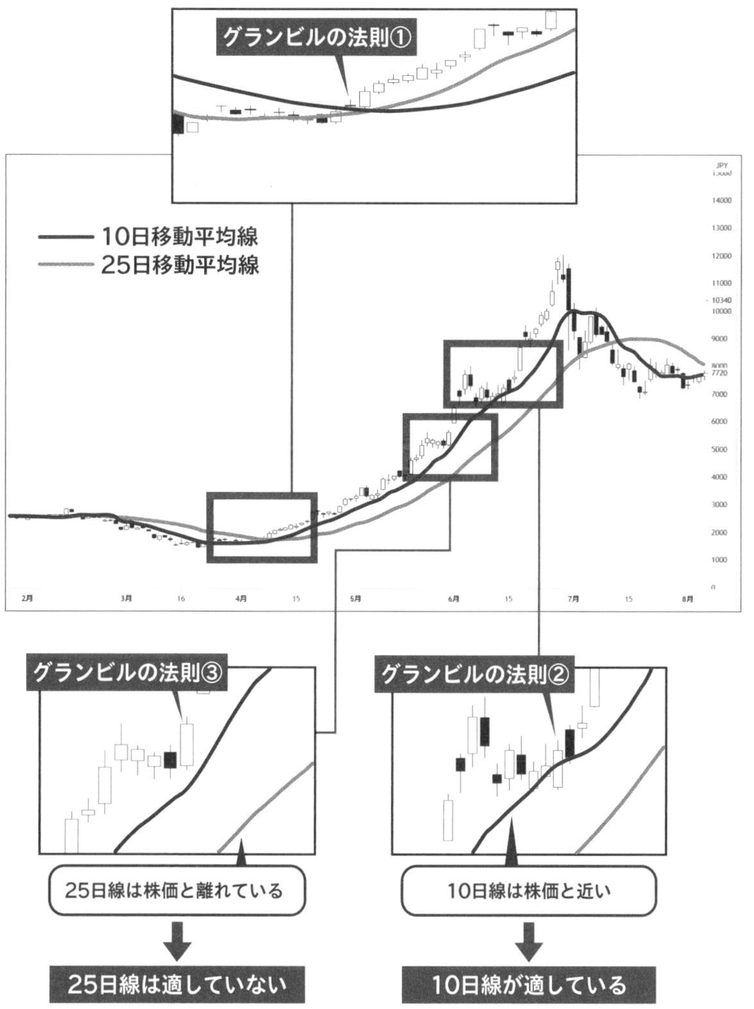

09 移動平均線で損切り⑦ GC・DC

移動平均線の上抜け・下抜けから判断する

移動平均線を使ったエントリー・決済方法の発展形として「複数本の移動平均線を使う」という方法もあります。中でも知名度が高いのが、２本の移動平均線（短期・長期）を表示させて、**短期線が長期線を上抜けたら（これを「ゴールデンクロス、GC」といいます）買い、反対に短期線が長期線を下抜けたら（これを「デッドクロス、DC」といいます）売り**、という戦略です。

実際のチャートを使って解説していきます。右図は10日移動平均線と25日移動平均線を表示させた、ソニー（6758）の日足チャートです。上方向の矢印がGCのポイント（買い）、下方向の矢印がDCのポイント（売り）です。シンプルな戦略ではありますが、**トレンドの初動や押し目が付いたタイミングでエントリーできますし、損切りの判断が明確になるというメリットもあります**。

このチャート上では明確なトレンドが出ていますが、もしも相場の方向性が明確でない場合、ダマシが発生することもあるため、ダウ理論などと併用して、より精度の高い分析を行いましょう。

この手法でも、表示させる移動平均線のパラメーターによってポイントが変化します。過去のチャートを確認して、銘柄ごとにどの移動平均線がフィットするのかを検証しましょう。

短期・長期の移動平均線を用いて考える

2本の移動平均線を使った手法が代表的。

ゴールデンクロス(GC)

短期線が長期線を
上抜けること

➡このタイミングで**買う**

デッドクロス(DC)

短期線が長期線を
下抜けること

➡このタイミングで**売る**

短期線と長期線が交差する角度が深いほど、その信ぴょう性が高いとされています

〈ソニー(6758)　日足　2020年3月〜12月〉

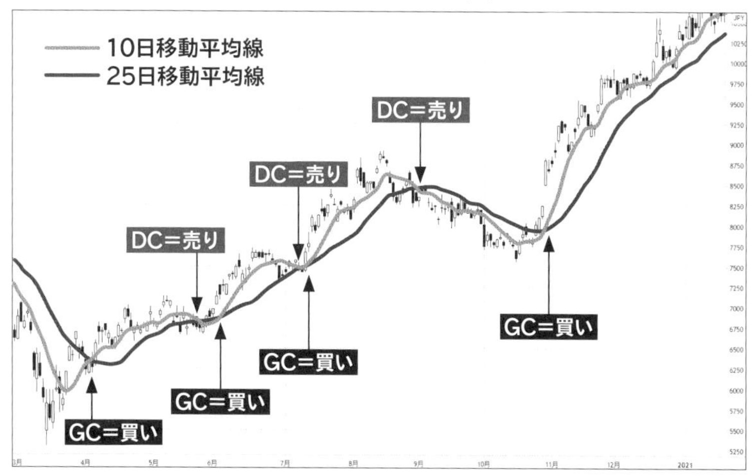

Column 3 損切りできない心理③

安定した状況を壊したくない現状維持バイアス

損失回避と似た心理作用として、現状に固執してしまう「現状維持バイアス」というものがあります。たとえ将来的に利益につながるようなことでも、未知のものを受け入れることを「安定した現状を壊す損失」として認識し、抵抗感を抱いてしまうのです。

一度でも塩漬け株を作ってしまった人ならわかると思いますが、おおむね下記のような行動パターンなのではないでしょうか。

含み損が発生する→どうすればよいかわからなくなる→損切りしたあとに上がるかもしれないと予想し、保持すればそのうち含み損もなくなるだろうと考える→塩漬けになる。

これぞまさに現状維持バイアスが働いていて、未知のものである損切りへの心理的な抵抗が働き、含み損を抱えている現状に固執した結果、塩漬けになってしまうのです。

「現状維持バイアス」は塩漬けの原因になる

含み損が発生してしまった！ どうしよう……

損切りを実行して、現状を変えよう ○

現状を変えたくない。損切りせずに保有しよう ×

現状維持バイアス

✏章末練習問題①

本章で解説してきた、移動平均線を使った売買のポイントについて、実践問題を解きながら振り返ってみましょう。

下図を見てください。これは、スノーピーク（7816）の日足チャートに25日移動平均線を表示したものです。

一連の上昇トレンドの中で、「移動平均線の上抜けで買い、下抜けで売り」とルールを決めて売買を行った場合、**損切りになったエントリーが2回、利益確定になったエントリーが2回発生します**。この計4回のエントリーを探してみましょう。

〈スノーピーク（7816）　日足　2020年2月〜12月〉

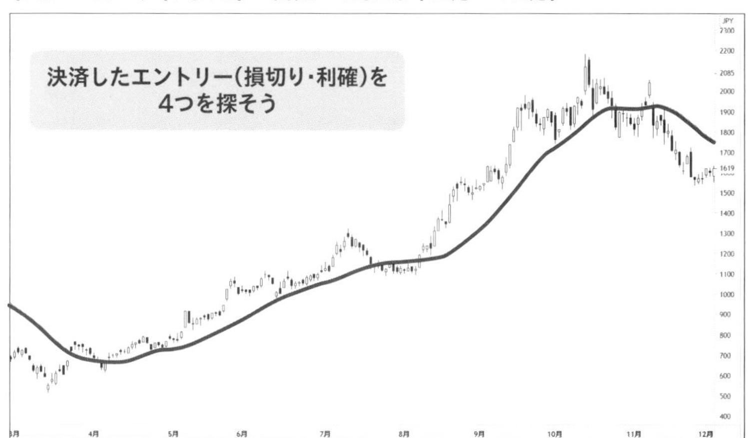

ヒント
- **下抜けで売り（＝決済）を行う**
- **チャート右端に2カ所ポイントがある**

解答は次ページ▶

練習問題①の解答

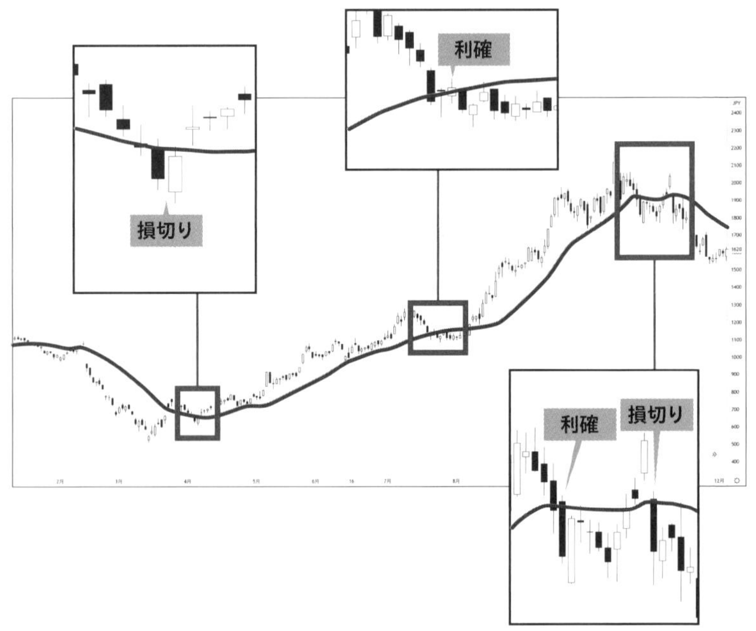

正解は、上図で示した通りです。

移動平均線の上抜けで買い、下抜けで売りのルール通り、シンプルにチャートを確認していけば、自然と損切り・利確のポイントも見えてきます。この方法であれば、チャートパターンのように「どの形があてはまるのか」を考える必要がないため、初心者でも実践しやすい手法だといえます。

このケースでは２回損切りをすることになりますが、株価の大きな上昇に沿って利確できているので、トータルでは利益を出すことができます。**実践においても、ルール通りに決済することを徹底しましょう**。

章末練習問題②

下図は、練習問題１と同じスノーピーク（7816）の日足チャートに25日移動平均線を表示したものです。

ここには､先ほど見つけた「損切りになったエントリー」２つ､「利益確定になったエントリー」２つ以外にも注目できるポイントがあります。グランビルの法則に則って、買い増しができるポイントがあるのです。

そこで､このチャート内において､グランビルの法則②と③に則って買い増しできるポイント３つを探してください。**92ページを読んで復習しながら探してみましょう**。

〈スノーピーク(7816)　日足　2020年2月～12月〉

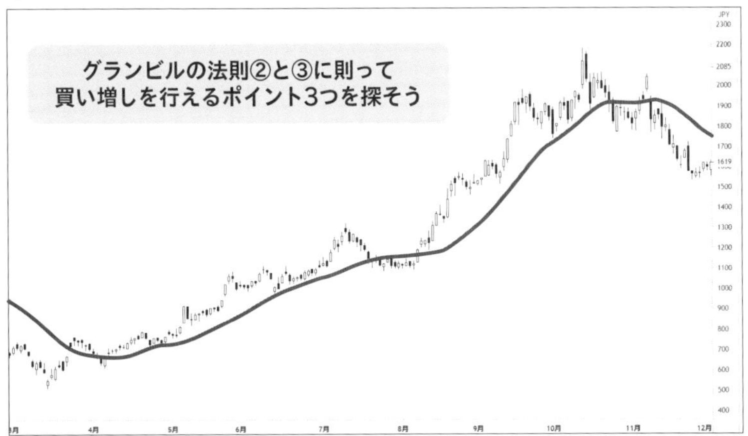

ヒント
- ローソク足と移動平均線の位置に注目
- グランビルの法則②と③が買い増しのカギ

解答は次ページ▶

練習問題②の解答

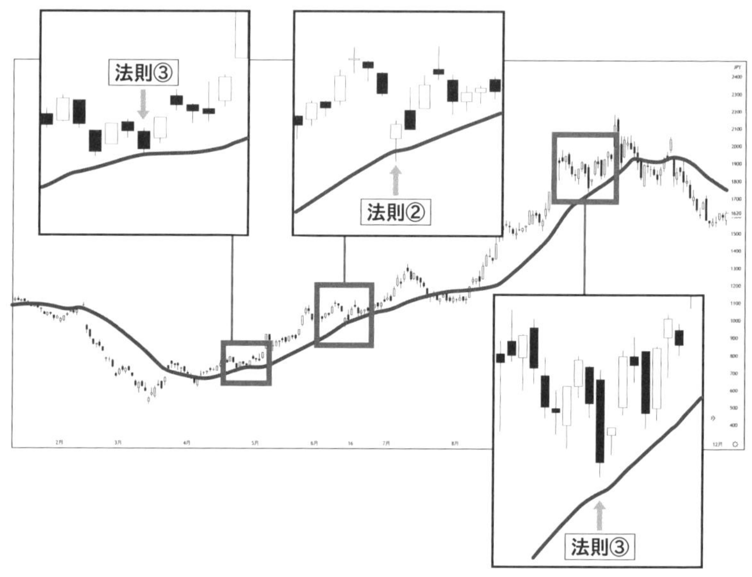

正解は、上図で示した通りです。

チャート上で「法則③」と示されたポイントは、グランビルの法則③の条件「横ばいもしくは上昇基調の移動平均線付近で反発」にあてはまっています。

法則②については、94ページでも解説した通り、「移動平均線を下抜けるローソク足が下ヒゲを伴っているか」「下抜けてからすぐ反転しているか」が判断の基準です。**「グランビルの法則②か損切りか」を迷って判断を保留していると、さらに含み損を広げる可能性もあります**。迷うようなら一度損切りして、再度上抜けを確認できたら再エントリーする、と考えましょう。

4章

実践

利益と損失の比率で損切りするリスクリワード

損切りポイントは「資金管理」という側面から設定することもできます。「リスクリワード」から、売買に伴う損益を考えていきましょう。

実践

01 損切りで資産管理を行う

リスクがあるからリターンを得られる

　一般的に損切りポイントの設定を行うためには、ダウ理論やチャートパターン、移動平均線といった方法のみをイメージしがちですが、実はもう１つ別の角度から設定する方法があります。それが「資産管理」です。

　本書における資産管理とは、**「価格変動リスクを考慮したうえで損失と利益のバランスを調整し、資産を損失<利益の状態にすること」**を指します。一般に、「リスク」というと漠然とした怖いイメージを持つ人もいるかもしれません。しかし、そもそも、**リスクとは「収益のブレ（変動の幅）」であり、「リスク＝危険度」ではありません。**資産が減るリスクを取ることで利益（リターン）を得ることができます。

　銀行預金と株式を比較してみましょう。銀行預金にも利息が付きますし、資産運用という枠組みにおいて、両者は資産を「銀行に預けるか」「株式に変えるか」という違いでしかありません。ただし、銀行に預金しても預けた金額が減ることはありませんし、銀行が倒産してもペイオフ制度があるので1000万円までなら返金が保証されています。こうしたしくみ上、銀行預金には損失リスクが限りなく少ないため、リターン（利息）も少ないのです。

資産運用の種類

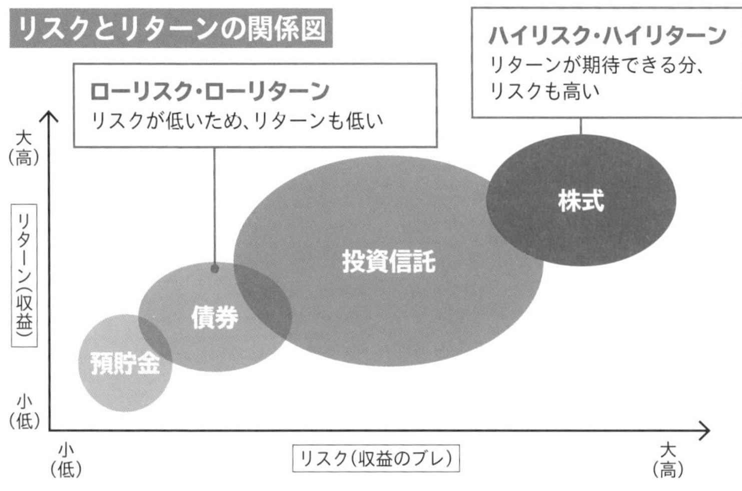

リスクの高さ＝リターンの大きさ

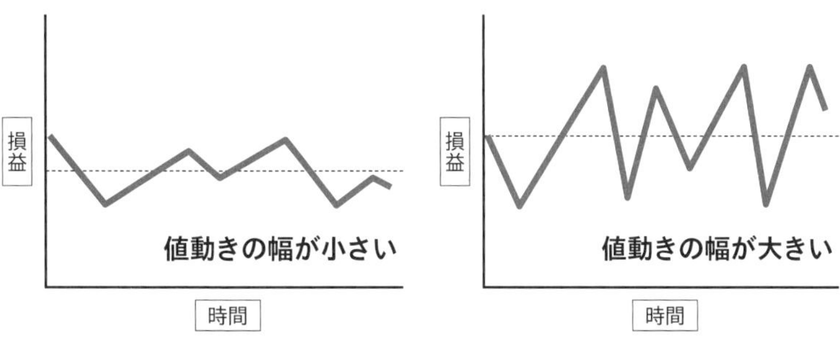

大きい利益(リターン)を得るには、リスクの大きい商品を選択

株は負けをコントロールして資産を増やすもの

一方、株式では（銘柄ごとに変動の幅に違いはあるものの）、どの銘柄に投資しても価格変動リスクがあります。たとえば、過去の統計から１日平均10％の値動きがある銘柄であれば、10％の損失リスクを引き受けることで10％の利益を狙うことができます。

価格変動リスクの幅には差がありますが、これは市場で取引されるすべての金融商品に共通しますし、とくに価格差を狙う取引（安いときに買って、高いときに売るなど）を行う場合、損失リスクを引き受けずにリターンを狙うことはできません。その意味で、100回中すべての売買で勝てる人はいません。

投資は必ず負けることがある。まずはこの事実を受け入れ、負けをコントロールすることで、最終的に資産を増やすことができるのです。そのための方法は、大きく分けて２つあります。

１つは「不利な場面での取引を減らす」方法です。ファンダメンタルズ分析やテクニカル分析は、利益につながる銘柄や取引に有利なタイミングを見極めるのに有効です。儲かる可能性が高い銘柄やタイミングに絞ることで、勝率を高めることができます。

もう１つは、**損切り注文を駆使して損失額と利益額のバランスを調整し、損失額＜利益額になるようにコントロールする方法です**。勝率を上げる方法と、損失・利益額のコントロールはそれぞれ独立しているわけではありません。どのような投資のスタイルを取るかによって組み合わせを変えるものだと考えましょう。

まずは、後者の具体的な考え方、具体的な手法を知るために、本章では「リスクリワード」について説明していきます。

株式投資ではリスクを避けられない

1日平均10%の
値動きをする銘柄

最大10%の
利益の可能性

または

最大10%の
損失の可能性

利益と損失は表裏一体

大前提 投資で「絶対に負けない取引」は不可能

負けを抑えて
資産を増やす！

不利な場面での取引を減らす

・ファンダメンタルズ分析
・テクニカル分析
など

勝ちやすい相場を選び、負けやすい相場を避ける

損失額をコントロールする

・資金管理
➡リスクリワードの調整

損切り注文を駆使して、損失額<利益額を保つ

02 資産管理のカギを握るリスクリワード

最終的に利益が出るように投資を行う

「リスクリワード」の意味はかんたんで、**１回ごとの売買における「リスク＝損失」と「リワード＝利益」**の比率を表したものです。

たとえば、買いのエントリーを行うと同時に、－1000円で損切り、＋3000円で利確の注文を出して、どちらかの注文が執行されるまで保有を続けるとします。

この場合、リスクリワードは1：3（損1000円、利益3000円）となります。－4000円で損切り、＋1000円で利確を行う売買では、リスクリワードは４：１（損失4000円、利益1000円）です。

連続した取引で考えてみましょう。

月６回の取引を行うとして、すべての取引でリスクリワード１：３になるように損切り・利確注文を同時に出すとします。

この注文方法で勝率が50％だった場合、損失3000円＝1000円×３回、利益9000円＝3000円×３回となり、月の損益は＋6000円となります。

勝率50％ということは、２回に１回損失で終わる売買があるわけですが、それぞれの売買でリスクリワードが１：１以上になるように設定しておけば、最終的に利益が残る計算になります。これがリスクリワードを使った損切りの基本的な考え方です。

リスクリワードに沿った売買のイメージ

リスクリワード1:3の場合

－1000円で損切り、＋3000円で利確すると、リスクリワードは1:3となる。

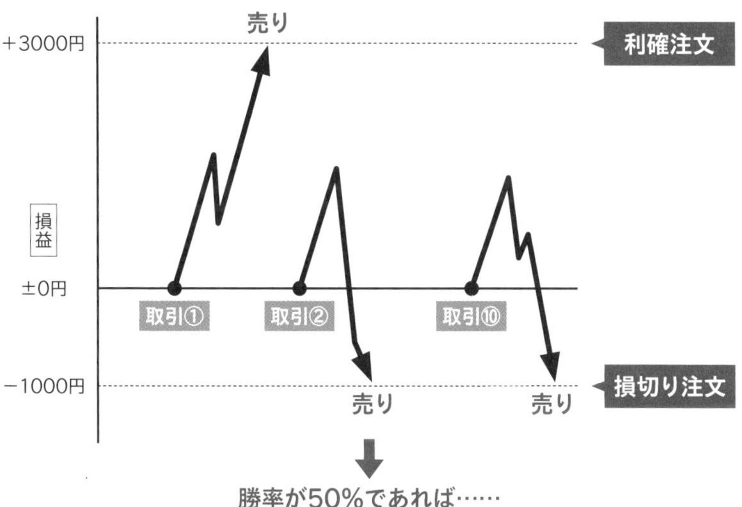

勝率が50%であれば……

取引① 利確 ＋3000円	取引② 損切り －1000円	取引③ 利確 ＋3000円	取引④ 損切り －1000円	取引⑤ 利確 ＋3000円	取引⑥ 損切り －1000円

計9000円の利益
計3000円の損失

➔ 全体では6000円の利益になっている

リスクリワードを用いて売買すると
利益＞損失の状態を維持できる

実践

03 リスクリワードと勝率で全体的な損失を減らす

初心者から抜け出すために全体的な損益を考える

リスクリワードにもとづいて損切りポイントを設定する場合、**勝率も併せて考える必要があります**。

たとえば、勝率が70%あれば、リスクリワードが1：0.5（損失1000円、利益500円）のような設定でも統計的には利益を出すことができます。勝率が40%でも、リスクリワード1：2以上で利確・損切りを行うことができれば利益が残ります。

投資初心者のうちは、**とにかく勝率を上げることを重視しがちですが、ここばかりに注意が向くと「コツコツ利益を出してドカンと損する」という状態に陥りやすいです**。

たとえば、－1万円で損切り、＋1000円で利確するという設定（リスクリワードは10：1）で買いのエントリーを出せば、損切りの回数はかなり減るため、勝率は上がります。ただし、仮に勝率が90%であっても、10回取引をすると一度は損切りすることになります。そうすると、損失1万円＝1万円×1回、利益9000円＝1000円×9回となり、最終的に－1000円の損失が出ます。

戦略によっては勝率を高めることも必要ですが、リスクリワードを考慮して損失額<利益額となるようにコントロールすることも重要です。

バルサラの破産確率表

数学者ナウザー・バルサラが考案した、勝率と損益比率ごとの、平均的な利益率を表した表。0%の地点は損益分岐点と呼ばれ、利益も損失も出ない。

勝率＼損益比率	0.3	0.5	1	1.5	2	3
25%	−68%	−63%	−50%	−38%	−25%	0%
33%	−57%	−50%	−33%	−17%	0%	33%
40%	−48%	−40%	−20%	0%	20%	60%
50%	−35%	−25%	0%	25%	50%	100%
67%	−13%	0%	33%	67%	100%	167%
77%	0%	16%	54%	93%	131%	208%

損益比率とは
リワード÷リスク
で算出される値

→

0%を超える取引
利益>損を
維持できる

0%以下の取引
損>利益と
なってしまう

勝利90%でも損をすることがある

勝率90%、リスクリワード10:1で10回取引すると……

取引① 利確 +1000円	取引② 利確 +1000円	取引③ 利確 +1000円	……	取引⑨ 利確 +1000円	取引⑩ 損切り −1万円

計9000円の利益
計1万円の損失

➡ 全体では1000円の損失になっている

勝率だけにこだわると損失を出すことがある

04 比率の設定方法①
利幅からの逆算

利確ポイントを決めて損切りポイントを逆算する

ここからは、リスクリワードを使った損切りポイントの設定方法について具体的に解説します。まずは**「取りたい利益の幅」から損切りポイントを逆算する方法です**。

右図は、GMOグローバルサインHDの日足チャートです。今後下落トレンドが反転すると考え、2000円で買いのエントリーを出して、「3000円で利確する」というルールを決めました。

よく用いられる１：２という比率で設定すると、利確ポイントの１／２の価格（1500円）が損切りポイントだと決まります。もしも「損切り幅を狭くしたい」と考えた場合は、１：３の比率に調整するとよいでしょう。損切り幅を狭めると、株価の下落にすぐに対応することができます。反対に、これから上昇トレンドが始まると確信できるような場合（＝勝率が高くなることが見込める場合）は比率を１：１に設定し、損切りの幅を広めにとることができます。

どのような比率で損切り注文ポイントを設定するかは、これまでの勝率や投資家ごとの戦略によって異なります。一般的には、**損切り幅が狭いほど損切りが実行される確率は高くなりますが、その分損失額は小さくなります**。反対に、幅を大きくすると損切りが実行される確率は少なくなりますが、損失額が大きくなります。

実際のチャートで見るリスクリワード比率①

利益確定までの幅が決まっている場合、リスクリワードを使って損切りポイントを設定する。

〈GMOグローバルサインHD(3788)　日足　2020年2月～4月〉

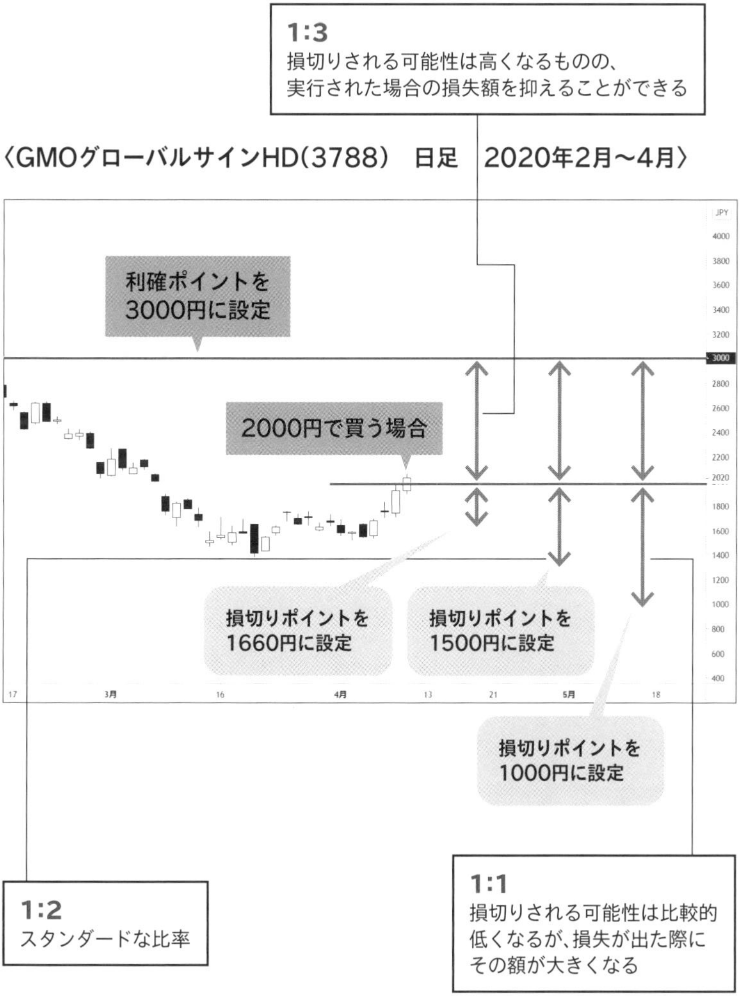
1:3
損切りされる可能性は高くなるものの、
実行された場合の損失額を抑えることができる
利確ポイントを
3000円に設定
2000円で買う場合
損切りポイントを
1660円に設定
損切りポイントを
1500円に設定
損切りポイントを
1000円に設定
1:2
スタンダードな比率
1:1
損切りされる可能性は比較的
低くなるが、損失が出た際に
その額が大きくなる
JPY
4000
3800
3600
3400
3200
3000
2800
2600
2400
2200
2020
1800
1600
1400
1200
1000
800
600
400
17
3月
16
4月
13
21
5月
18

実践

05 比率の設定方法②損切りポイントが明確

損切りポイントを決めて利確ポイントを定める

２つめのケースは、**「あらかじめ損切りポイントが明確に決まっている場合」の設定方法です**。

右図は日本電産（6594）の日足チャートです。チャート左側で発生していた株価の下落トレンドのあとに株価が反転しており、ここから上昇トレンドに乗ると考えたため、6000円（横線が引かれた地点）で買いのエントリーを行うとします。

2020年２月〜３月がコロナショックだったこともあり、３月には4840円の安値が付きました。これを再度下抜けるようなら、かなり強い下降トレンドになるため、ここを損切りポイントに設定します。ここで問題なのは、いくらまで利益を狙うのか、です。

たとえば、建値（買った価格）以降、**強い上昇トレンドが発生すると考えられるなら、リスクリワード１：３の位置にすると大きな利益を狙うことができます**。反対に、少しだけ上昇トレンドに乗り、少しの利益だけを取ればよいと考える場合は、リスクリワード１：１にする、という具合です。

利確ポイントの設定も、損切りと同様に判断が難しいので、リスクリワードを使うと迷いを減らすことができます。

実際のチャートで見るリスクリワード比率②

最安値を更新した場合、強い下降トレンドになるおそれがある。損切りポイントが明確に決まっている場合は、予想や戦略によって利確のタイミングを決める。

1:3
強い上昇トレンドが予想される場合、高い利益を狙うこともできる

〈日本電産(6594)　日足　2020年2月〜5月〉

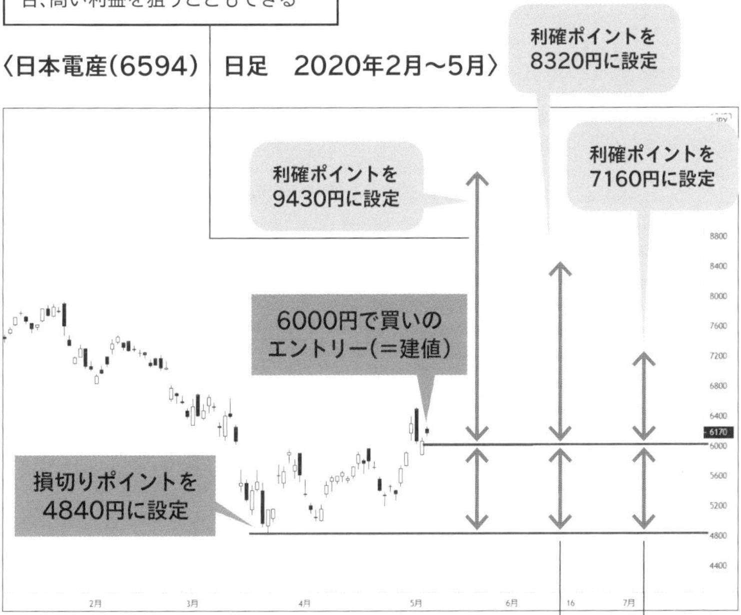
利確ポイントを8320円に設定
利確ポイントを9430円に設定
利確ポイントを7160円に設定
6000円で買いのエントリー(＝建値)
損切りポイントを4840円に設定
8800
8400
8000
7600
7200
6800
6400
6170
6000
5600
5200
4800
4400
2月
3月
4月
5月
6月
16
7月

1:2
スタンダードな比率

1:1
トレンド転換時の上昇を安定して取りたい場合、低い位置で利確を行う

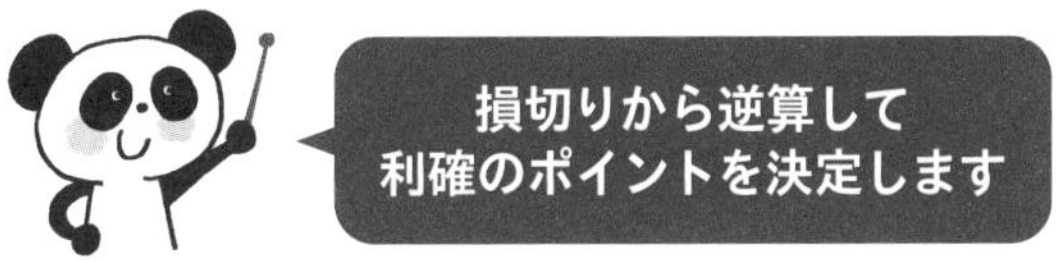
損切りから逆算して
利確のポイントを決定します

実践

06 比率の設定方法③ チャートパターンと併用

チャートパターンを「根拠」として使う

118ページでは「あらかじめ損切りポイントが決まっている場合でのリスクリワードの設定方法」を解説しましたが、この損切りポイントを決める際に**根拠として活用できるのが、2～3章で解説したチャート分析です**。

右図を見てみましょう。このチャートでは、62ページで解説したフォロースルーが完成しているので、直近の高値で買いのエントリーを行います。この場合、損切りポイントは逆フォロースルーに備えて「直近の安値の付近」に置くことになります。

ここではチャートパターンが損切りポイントの根拠となっています。あらかじめ損切りポイントが決まっているのであれば、そこに対してリスクリワードをあてはめて利確ポイントを設定すればよいのです。

逆にいうと、**リスクリワードを使っていれば、どのポイントから買ってもよいというわけではありません**。パターンやテクニカル指標などを使って、価格が伸びやすいところでエントリーをしたうえで、初めてリスクリワードが効果を発揮することを覚えておきましょう。これは、利確ポイントをもとに損切りポイントを決める場合も同様です。

チャートパターンでのリスクリワード設定

〈サイボウズ(4776)　日足　2020年1月〜4月〉

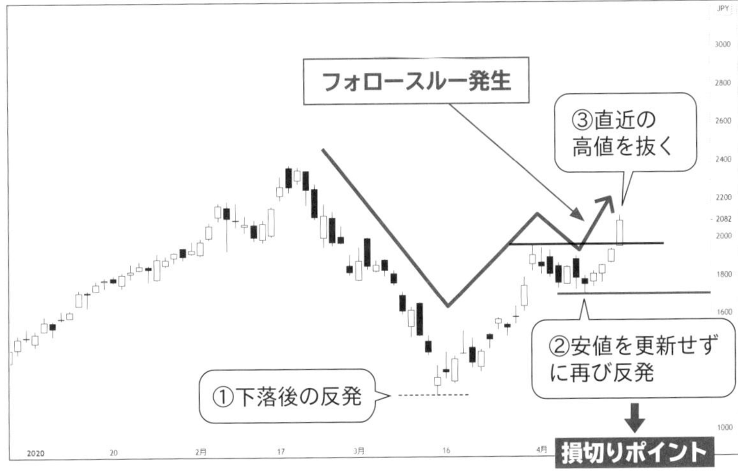

リスクリワードの設定

07 リスクリワードを使った損切りの注意点

リスクリワードと勝率の関係性

112ページではリスクリワードの重要性を解説しましたが、「リスクリワードを重視する戦略」と「勝率を重視する戦略」は、どちらかが優れているわけではありません。それぞれに有効な戦略やデメリットがあるため、それを知ったうえで組み立てましょう。

デイトレードなどの短期取引は取引回数が多く、平均損益などのデータを取りやすいため、そうした**統計的な観点を活かしてリスクリワードの効率を上げると、利益の獲得につながります**。

一方、中長期投資では、リスクリワードをあまり意識しない方法(比率が1：1など)でも利益を出している投資家が多くいます。「勝率だけ高めてもあまり意味はない」と先述しましたが、これは「損切りをしたくない」という理由だけで極端なリスクリワードの設定を行った場合の話です。

そもそも、長期的な株価のトレンドは一度発生すると長く続く傾向があります。そのため、順張りで上昇トレンドに乗ることができれば、損切り幅をある程度広く取っても（リスクリワード比率1：1など）勝つことができます。むしろ、**上昇トレンドが発生している状況でリスクリワード比率を上げ過ぎる(＝損切り幅を狭くする)と、肝心な長期の変動を取り逃してしまう恐れがあります**。

自分に合った方法を選ぶ

勝率
ばかり意識すると……

できるだけ損切りをしないように、損切り幅を広く、利確幅を狭く取る

たとえば、−1万円で損切り、1000円で利確に設定する
損切り幅：利確幅＝10：1

勝率90%だとしても……

利益	9000円（1000円×9回）
損失	1万円（1万円×1回）

合計すると
9000円−1万円＝−1000円

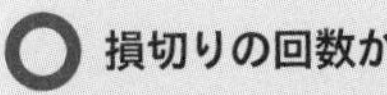

○ 損切りの回数が減る
× 結果的に損失になってしまう

リスクリワード
ばかり意識すると……

できるだけ損失を抑えるために、損切り幅を狭く取る

上昇トレンド発生下では

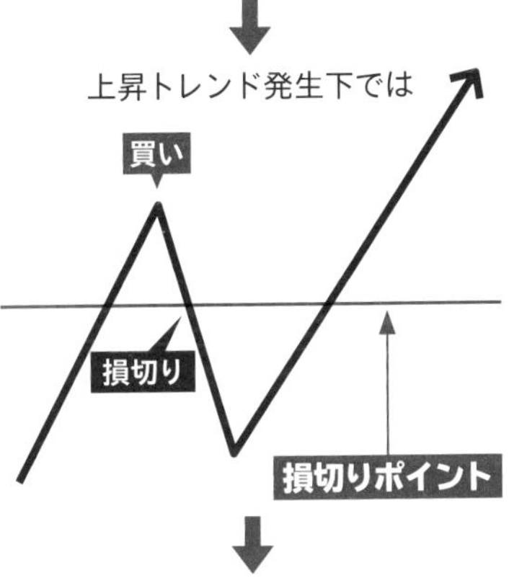

あとからくる上昇トレンドを逃す

○ 損切りの際の損失が減る
× 長期的な上昇トレンドの利益が得られない

どちらかに偏ると失敗しやすくなります

実践

08 トレンドを判断する際の注意点

同じ時間軸を使って分析する

122ページで解説した「リスクリワードを意識しない方法」の場合、とくに順張りでは、とにかくトレンドに乗ることが重要です。そのため、ダウ理論や移動平均線などを使って「トレンドが発生しているか」を判断し、エントリーを厳選することがカギとなります。**その際に注意したいのが「できるだけ大きな目線で判断する」ことです**。

たとえば、日足チャートでダウ理論における上昇トレンド継続が確認できても、1時間足など細かい時間軸でダウ理論をあてはめるとトレンドが崩れていることはよくあります。

1時間足でトレンドの有無を確認し、1時間足で売買の判断を下す場合は問題ありません。しかし、日足でトレンドの発生を確認し、1時間足でトレンドが終了したと判断してしまうと、判断の基準が異なるため、正確な分析ができているとはいえません。**トレンドの確認と売買の判断は、同じ時間軸で行いましょう**。

また、トレンドは日足や週足など大きな時間軸で出るほどそのあとの大きな値動きにつながります。移動平均線を使って分析する場合も、75日・100日など長い期間の平均を表示することで、より大きな株価の変化をとらえることができます。

トレンドを判断するポイント

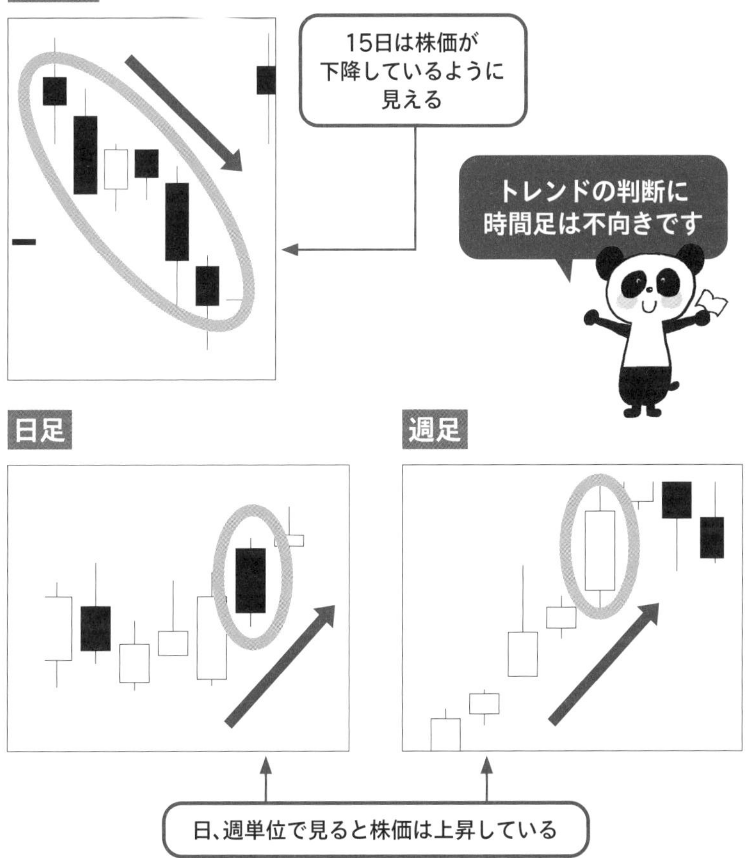

時間軸を変えると株価の見え方が変わる
➡ **大きなトレンドは長い時間軸で見て判断する**

Column 4 損切りできない心理④

持ち株に執着してしまう保有効果

「保有株を手放したくない」という心理を強化する作用として「保有効果」もあります。その名の通り、これは自分が選んで保有しているものの価値を高く感じ、手放したがらないという人間の傾向です。この効果は車や家などの「モノ」だけでなく、株式などにもあてはまります。自分が買った株の評価がほかの株と比べて高くなるため、企業の業績を過大評価してしまったり、損切りラインに達しても売ることができなかったりという行動を引き起こしてしまうのです。

相場格言に「銘柄に惚れるな」という言葉がありますが、ファンダメンタルズ分析などを通して銘柄に惚れ込むあまり、状況が変化しても冷静な判断ができずに塩漬けしてしまい、共倒れとなる可能性があります。もちろん分析は必要ですが、保有効果が働くということを頭に入れておき、執着し過ぎないようにしましょう。

「保有効果」で正しい損切りを行えない

よい銘柄を発見

実際には
伸びなかったが……

ファンダメンタルズ分析で伸びそうな銘柄を見つけた！

私が選んで買った銘柄なんだし絶対上がるはず！　倒産しない限り手放したくない

保有効果

✏章末練習問題①

リスクリワードを使った損切り・利確の設定方法について、復習を兼ねた問題を解いてみましょう。下図はソニー（6758）の日足チャートで、チャートの左端から続いた上昇が一度反転したあとに、「フラッグ」のチャートパターンができています。また、フラッグの上側の線を一度上抜けたあとに再度ブレイクしていているため、このポイントで買いのエントリーを行うとします。

現在価格が8100円で１万円を利確の目標値として設定する場合、**リスクリワードが１：２になるように損切りポイントを設定してください。**

〈ソニー(6758)　日足　2020年6月～11月〉

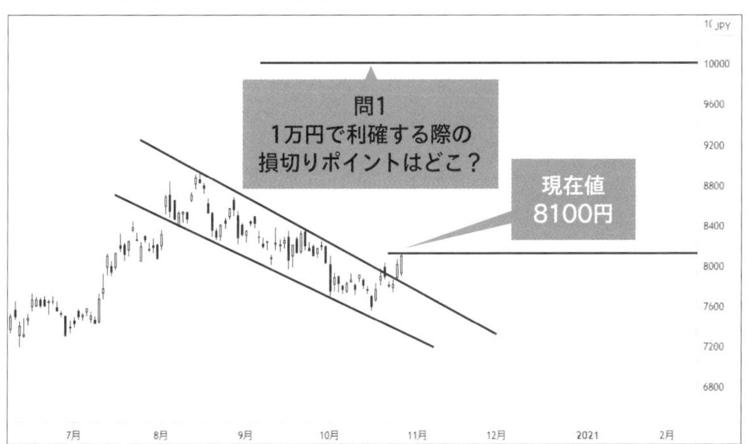

ヒント
- **利確の価格と現在値の比率を２とする**
- **損切りポイントは利確の比率の半分**

解答は次ページ▶

練習問題①の解答

〈ソニー(6758)　日足　2020年6月〜11月〉

正解は、上図に示した通りです。

リスクリワードが１：２ということは、現在値から損切りポイントまでの比率が１、現在値から利確ポイントまでの比率が２ということです。

まず、現在値と利確ポイントまでの差額を求めましょう。利確ポイントが１万円、現在値が8100円のため、差額は1900円です。この1900円という金額が比率の２にあてはまります。

損切りポイントの比率は１、つまり、先ほど算出した1900円の半分となります。**1900円の半分は950円なので、現在値から950円下に損切りポイントを置きます**。

このように、計算して損切りポイントを設定することもできますが、単純に、チャート内の利確ポイントから現在値までの距離を２分の１にするだけでも問題ありません。

章末練習問題②

練習問題１と同じチャートを使って、もう１問考えてみましょう。

下図のチャート内にはフラッグ（60ページ参照）が発生しています。フラッグ内でできた直近安値7500円付近に損切りポイントを置く場合、リスクリワードは何対何に設定するとよいでしょうか。また、その比率に沿った結果、利確ポイントは何円に設定することになるのでしょうか。

118ページで解説した「損切りポイントが決まっている場合のリスクリワード比率の決め方」を参考に考えてみましょう。

〈ソニー(6758)　日足　2020年6月～11月〉

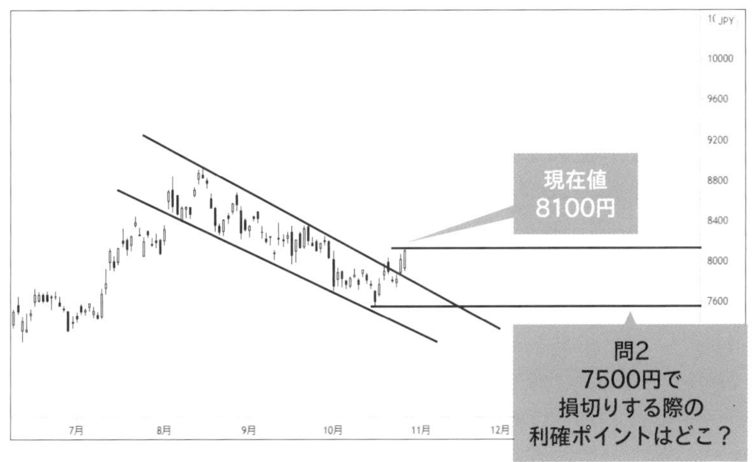

ヒント
- フラッグ発生後のローソク足の動きを予測する
- 値動きをもとに比率を決めることもある

解答は次ページ▶

練習問題②の解答

〈ソニー(6758)　日足　2020年6月～11月〉

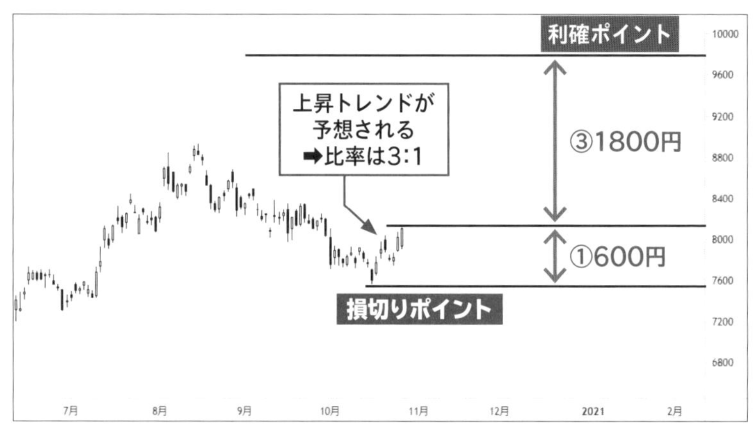

まず、チャート前半でフラッグが発生している点に注目しましょう。フラッグが発生したあとは、強い上昇トレンドが発生すると考えられます（60ページ参照）。

また、118ページでも解説しましたが、上昇トレンドが予想される場合は高い利益を狙うことができるので、利確ポイントを広く取ることができます。リスクリワード比率は１：３と設定してよいでしょう。

では、比率が決まったので利確ポイントが何円になるかを計算します。現在値が8100円、損切りポイントが7500円なので、差額は600円です。この600円という差額を１とすると、**現在値からその３倍の値段が利確ポイントとなります**。

600円×３＝1800円となるため、現在値に1800円を足した9900円が正解です。

5章

理論

損切りの目的は「トータルで勝つ」こと

失敗が付いて回る投資ですが、最終的に勝つためには損切りが必須です。損切りを行う根本的な目的を意識してみましょう。

理論

01 1回の売買に一喜一憂しない

損切りで全体的な損益をコントロール

２～４章にわたって、損切りを行うために活用できる方法を解説してきましたが、最後にもう少しだけ「なぜ損切りが必要なのか」という点を補足します。

１章では、「退場を防ぐ」「資金が拘束されないようにする」という旨を説明しました。確かに、これらは損切りを行うことで得られる重要なメリットです。しかし、よりポジティブな考え方をすると、損切りを適切なタイミングで行えるようになることで、たとえば**「１年間」「１カ月」といった一定の期間において「トータルで利益を出す」投資を行えるようになります**。

投資というのはどれだけ上手な人でも必ず損失を出すタイミングがあります。この前提をもとに、一定の期間において取引を重ね、「トータルで利益を残す」ことが最終的な目標です。こと投資となると、どうしても１回の取引で「利益が出た」「損失が出た」ことに一喜一憂しがちです。これは人間の特性上しかたがないことなのですが、投資初心者から１段ステップアップするためには、ひとつひとつの売買ではなく、**「株投資は損失が出るもの」という事実を受け入れたうえで、最終的に利益を残すことができるよう、俯瞰して考える必要があります**。

1つの勝ち負けよりも全体の利益

NG例

1カ月で5万円の損失が出たとき

この1カ月は失敗ばかりだった……
投資に向いてないのかな……

短期的な視点しかない

最終的な収益が
判断できない

1年投資を続けたけど、最終的に
得してたんだろうか……？

理想的な例

1カ月で5万円の損失が出たとき

今は損失が出てるけど、1年後に
＋15％の利益が出るよう頑張ろう

長期的な視点がある

多少の損にも
落ち込まない

目標には届かなかったけど、1年で
＋10％の利益を出せた！

長期的な視点を持ち、最終的な損益を目標にする
➡ 多少の損失に落ち込まなくなる

分散投資で資産を守る

俯瞰というと難しそうに聞こえますが、投資を1つの「事業」として考えるとわかりやすくなります。たとえば、商品を売るようなビジネスの場合、商品の売上から、仕入のコストや人件費など、いわゆる「経費」を差し引いたものが利益として残ります。

いくら売上がよくても、経費がそれ以上にかかり、赤字となるようではビジネスとして成立しません（設備投資などにお金をかけている場合は別ですが）。売上と経費のバランスを調整して、最終的に利益を出せるようにするのは、ビジネスの基本中の基本です。

投資でも同様に、**損切り注文が執行されることによる損失を「経費」ととらえると、より冷静に判断できるようになります**。

また、**トータルで利益を残すことを考えると、分散投資も有効な手段の1つです**。たとえば、投資資産が100万円あり、それをすべてAという銘柄だけを買う場合と（集中投資）、値動きの異なるA、B、Cの3つの銘柄に33万円ずつ分けて買う場合（分散投資）を想定してみましょう。

仮にA銘柄が想定に反して下降してきた場合、前者と後者がどちらも同じ場所に損切りポイントを置いたとしても、後者の分散投資のほうが損失額は少なく済みます。さらに後者では、B銘柄やC銘柄が上昇していれば、口座全体で見ると利益が出ます。

株投資はどうしても1つの銘柄や1回の売買に意識が向きがちですが、**損切りを活用すると「一定の期間内で利益を残せているか」「口座全体で利益を残せているか」に注目できるようになり**、トータルで利益を残すことができるようになるのです。

損失はビジネスにおける「経費」

損失を「経費」ととらえると、損失はゼロにするのではなく「なるべく抑えるもの」だとイメージしやすい。

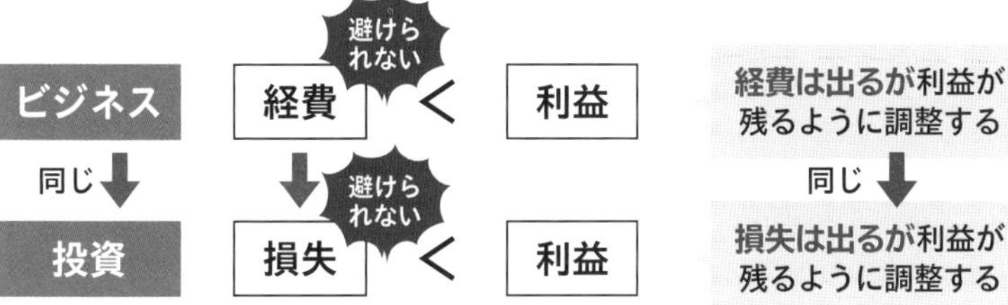

分散投資でリスクを抑える

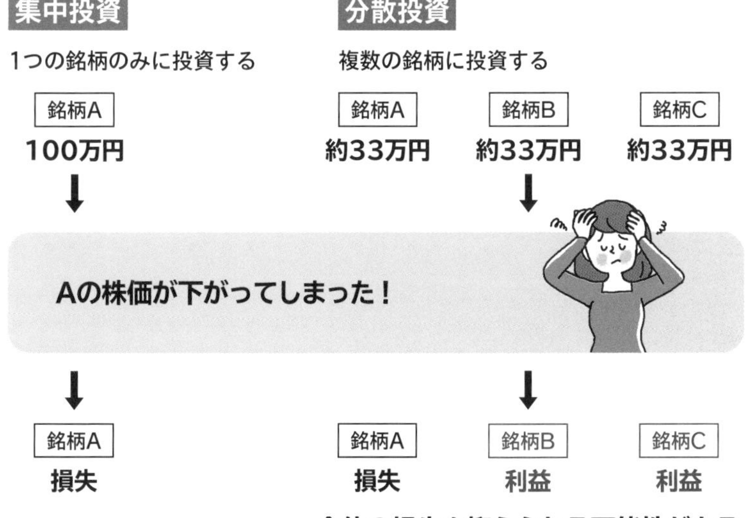

期間全体、口座全体で損益を考える

理論

02 根拠のある損切りでPDCAを回す

PDCAで損切りを改善していく

基本的な「損切りの理論」を頭で理解していたとしても、実際の、身銭を切った売買で、それらをすべて実行するのは難しいでしょう。投資を始めたばかりの人が凄腕投資家と同じように取引のたびに、的確な判断を下せるわけではありません。大げさにいえば、**10回の取引のうち１回でも意図通りの利確・損切りができるようになるだけで十分成長したといえます**。

大切なのは、**残り９回の取引でなぜ意図通りの利確・損切りができなかったのかを分析し**、３回、５回、９回と意図通りの取引の数を増やしていけるように、継続的に改善することです。

これは、ビジネスでよく使われる「PDCAを回す」という考え方と同じです。PDCAとはPlan（計画）→Do（実行）→Check（評価）→Action（改善）の４つのプロセスのことで、これをくり返すことで、徐々に投資家として成長することができるのです。

意図通りの利確・損切りを行えるということは、それぞれの銘柄の特性にもとづいて、株価の変動幅を適切に分析できているともいえます。そうした取引を重ねると「相場観」も磨かれてきますし、勝率やリスクリワードの高い売買が自然と行えるようになります。

PDCAを回して次の取引につなげる

Plan
計画

損切りポイント・
利確ポイントを決める

Action
改善

分析を踏まえてより
よい方法を検討する

Do
実行

実際に取引を行う

Check
評価

意図通りの利確・損切りが
できなかった原因を分析する

取引を分析して
精度を上げましょう！

03 損切りの失敗例①感情で投資する

感情に任せた取引は失敗のもと

「PDCAを回す」という観点から、**感情に任せて損切りポイントや利確ポイントを判断することはもっとも避けるべき行為といえます**。たとえば、上昇トレンドを想定して買いのエントリーを行ったあと、価格が反転して、損切りポイントまで株価が下がったとします。ルールに則りそのまま損切りをすると、直後に急激に株価が伸び始めました。このとき、どのような気持ちになるでしょうか。

多くの投資家は「あと少し損切りポイントを下にずらしていれば、損切りせずに済んだのに……」と考えるでしょう。

これは、人間の傾向を踏まえると正しい反応です。自分の戦略の失敗を認めるのは苦痛を伴います。しかし、こうした感情に支配されてしまうと、自分で設定した損切りルールを無視し、根拠のない買いのエントリーや損切りをくり返すことにつながります。

PDCAを回すためには、**「損切りになった売買」「利益が出た売買」それぞれについて、なぜそのような結果になったのかを冷静に分析して、次のエントリーに活かす必要があります**。そのためには、ひとつひとつの売買において、チャートパターンやダウ理論、テクニカル指標といった明確な根拠が必要です。感情に任せた投資では、投資スタイルを改善することは難しいです。

感情に任せた取引はNG

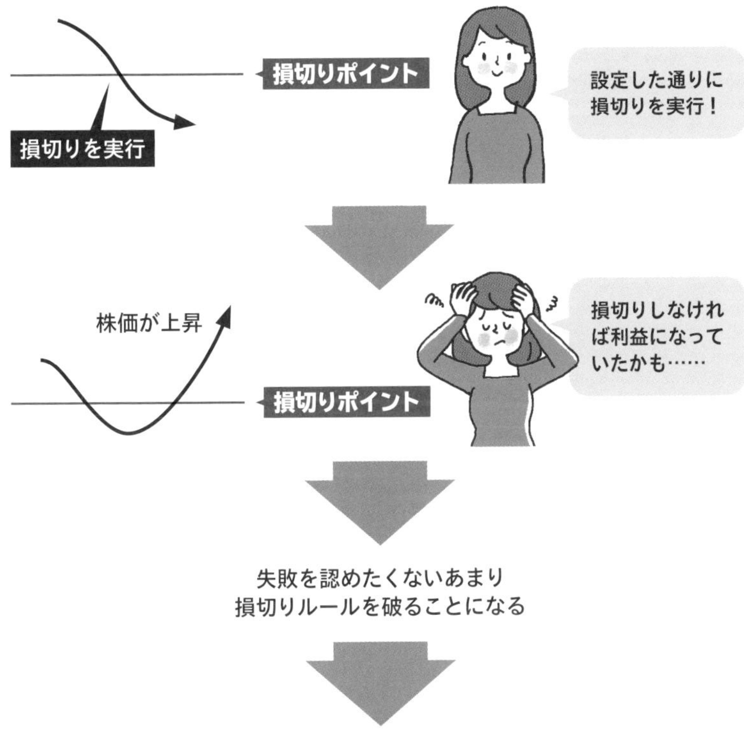

感情に任せた**根拠のないエントリーや損切り**につながってしまう

原因を分析して、損切りルールを改善することが重要

04 損切りの失敗例②ナンピンを行う

ナンピンは含み損が増える危険がある

もう１つ、多くの投資家が失敗する原因に「ナンピン」があります。ナンピンは漢字で「難平」と書き、株式投資における難＝損失を平らにしようとする方法のことです。

たとえば、１株1000円で1000株買い、800円に損切りポイントを置いたとします。ここで、株価が800円まで下がったとき、「損を確定させたくない」という感情に任せて損切りを取りやめると、いったんは損失を避けることができますが20万円の含み損が残ります。このタイミングで、**さらに1000株を追加で購入して、平均購入単価を900円にまで下げるのがナンピンです**。

仮に株価が950円に上昇すれば損益はゼロになりますし、1000円まで株価が戻れば含み益となるので、有効な方法に見えます。しかし、株価が800円を下回ってしまう可能性もあり、その場合は、ナンピンをしたことで含み損の額が増加してしまいます。

本来は20万円の損失で済むはずが、**計画性のないナンピンをくり返すことで、投資の世界から退場せざるを得ないほど含み損を抱える危険性があります**。トレンドは長く続く傾向があるからです。

このことから、「下手なナンピン大怪我のもと」という言葉が、投資格言として広く知られています。

ナンピンのしくみ

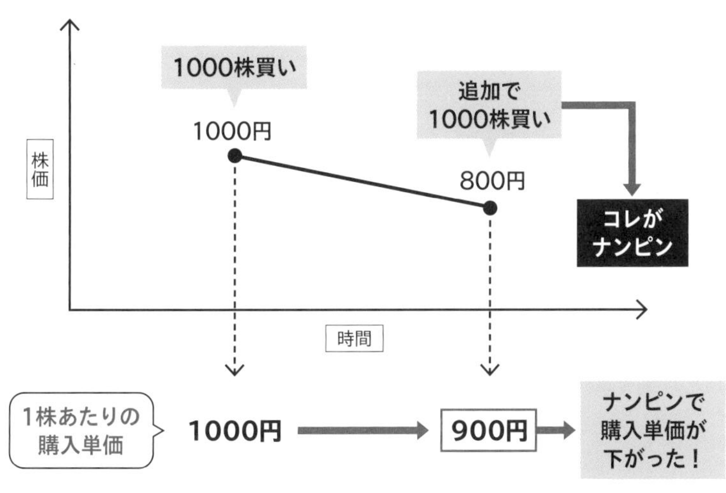

ナンピンは塩漬けのもと

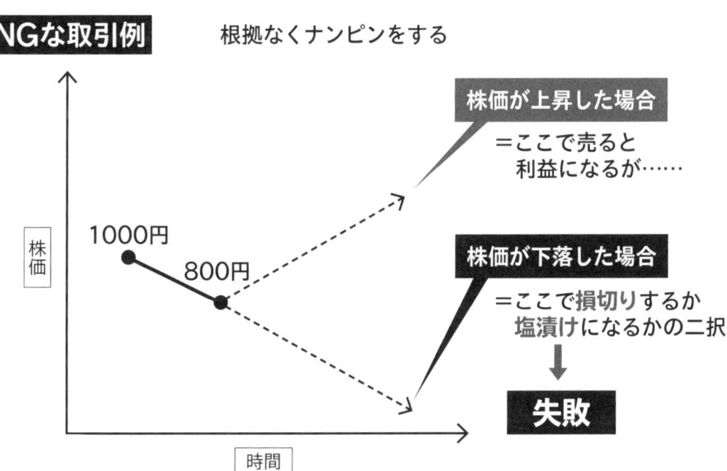

Column 5 損切りできない心理⑤

使った財産が「もったいない」サンクコスト効果

現状維持バイアスと似た作用として「サンクコスト効果（埋没費用)」というものもあります。「サンクコスト」とは、それまでに費やした労力やお金、時間などのことです。これらは、利確や損切りを行えば戻ってきません。「この株、1年間保有したのに……」「ファンダメンタルズ分析にすごく時間をかけてやっと見つけた銘柄なのに……」といったように、これらのコストを「もったいない」と考えてしまうと、冷静な判断がしづらくなってしまいます。

我々は人間ですから、長く保有した分だけ報われてほしいと考えてしまうことはしかたのないことです。ただし、投資の世界では、そうした個人的な事情と株価はまったく関係がありません。

1年間保有していても昨日初めて買った銘柄であっても、結果として利益を出せていればよいのです。損切りポイントに株価が達しようとした際に、サンクコストを考えて冷静な判断ができなくなるという事態は避けましょう。

「サンクコスト効果」で冷静な判断ができなくなる

サンクコスト

費やした
・労力
・お金
・時間
など

せっかく買った銘柄なのに、損切りするのはもったいない

サンクコスト効果

6章

理論

売買タイミングQ&A

損切りにもよしあしがあります。行うタイミングや予期せぬ事態への対処など、疑問を解消してよりよい売買を行っていきましょう。

不安材料が出たらすぐに売ったほうがよい？

個別銘柄の株価が下がったら売りを検討する

ひとえに「株価の下落につながる材料」といっても、戦争などの「地政学リスク」や、東日本大震災のような「災害リスク」、粉飾決算の発覚といった「個別銘柄におけるリスク」など、さまざまな種類があります。また、不安材料が出ることによって日経平均やTOPIXが下落する、つまり市場全体が下降傾向にある場合は、一時的な影響にとどまることが多いので、たいてい株価は戻ります。

しかし、16ページでも解説したように、損切りの基準は「買った理由が崩れたとき」です。まずは**「不安材料」の性質を見極めて、買いの理由が崩れていないかを確認しましょう**。

たとえば、25日移動平均線が上向きかつローソク足が上にあることを根拠に買いのエントリーを出した場合、「材料」の影響によってローソク足が移動平均線を下抜けたら、売りを検討します。

しかし、「材料」が個別銘柄ごとのリスクである場合、株価がもとの水準まで戻るのに時間を要するため厄介です。不正会計が取り沙汰された東芝やオリンパスでは、問題が発覚して売りが殺到したあと株価の低迷が続きました。**個別銘柄に対する不安材料が出た場合は、売りを検討したほうがよいでしょう**。

不安材料が発生した際の対応

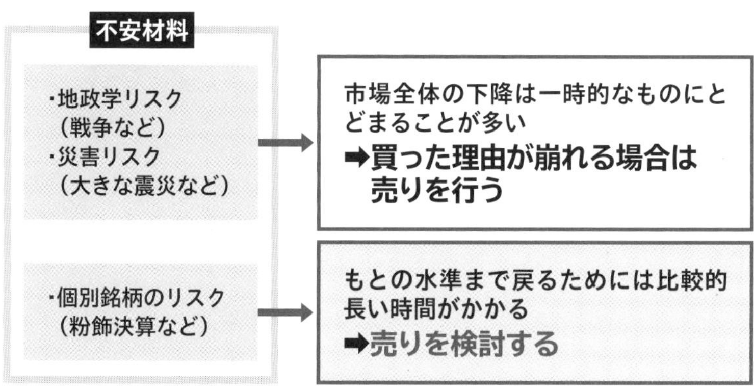

例 個別銘柄の不正会計が発覚した場合……

〈東芝（6502） 週足 2014年5月〜2016年5月〉

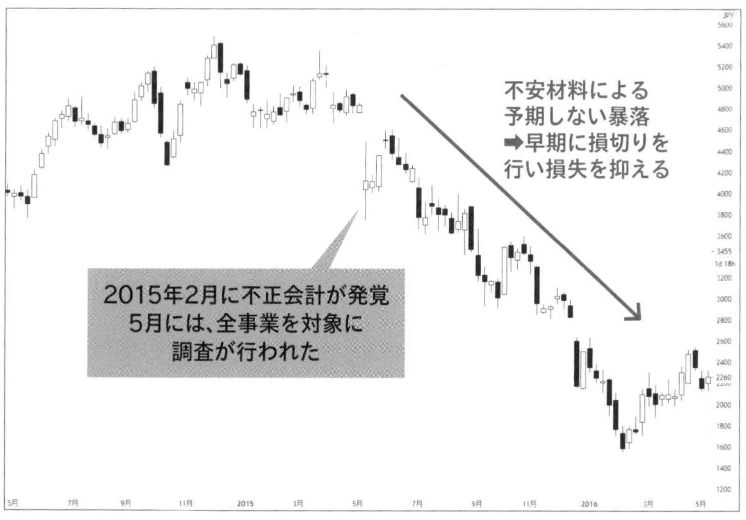

理論

02 コロナ禍など相場全体が変化した際はどうする？

暴落時でもあらかじめ設定したルールで乗り切る

「リーマンショック」「コロナショック」といった暴落の渦中では、いくらまで株価が落ちるのか、いつまで暴落が続くのかといった規模は誰にもわかりません。そのため、保有中の株を売るのか、保持し続けるのかといった判断に迷ってしまいます。

全体相場の株価が下がった際、個別株でも必ず下がるわけではありません。むしろ、全体の流れに反して上昇する銘柄もあります。しかし、取引数が減少し、下落傾向にある相場（いわゆる、地合いが悪い状態）では、不安を感じた投資家が、業績のよい銘柄や株価が上昇している銘柄を売ってしまい、混乱を招くことがあります。

そのため、**全体相場に変化が起きた際の判断基準をあらかじめ設定しておくと、暴落時も感情的にならず、冷静に対処することができます**。

特定のルールが有効、と決まっているわけではありませんが、**「日経平均の日足が３日連続で長めの陰線を付けたら撤退」「株価が買値から10％を割り込んだら撤退」「ダウ理論で下降トレンドに転換したら撤退」**などといったルールが挙げられます。

ちなみに、予想よりもさらに株価が下落する「２番底」が発生する可能性があるため、逆張りには危険が伴うといえます。

相場が大きく変化した際の対策

あらかじめルールを設定する

株価が買値から10%を割り込んだら
売りを行って撤退します

ダウ理論で見て、下降トレンドに
転換があったら撤退します

ルールの設定は
投資の鉄則です！

〈日経225先物　日足　2020年1月～6月〉

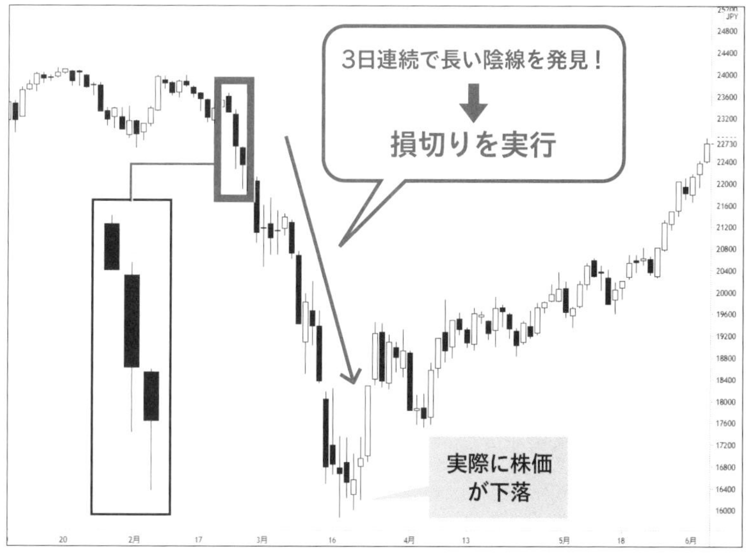

理論

03 損切りポイントは絶対に動かしてはいけない？

確実に右肩上がりになる銘柄では可能

一度設定した損切りポイントは、まず動かすべきではありません。損切りラインを変更したくなるのは、ほとんどが「失敗を認めたくない」といった「損切りしたくない心理」が影響しています。

株価が損切りラインに届く直前で「いずれ上昇するなら、ここで損切りしないほうがよいのでは……」と考えると、別の時間軸でチャートを見たり､別のテクニカル指標を探したりと､どんどん「損切りしない理由探し」の泥沼にはまっていきます。

そこで失敗すると損失額が広がりますし、このクセが常態化すると、投資の世界から退場するほどの損失が出ることもあり得ます。設定した通りに損切りを実行し、戦略の失敗を認めるべきです。

ただし､**GAFAM（「Google」「Apple」「Facebook」「Amazon」「Microsoft」の頭文字を取った造語）といった､米国の巨大プラットフォーム企業に投資する場合は別です**。

こうした銘柄群は、多少の株価の下落はあったとしても、基本的に右肩上がりです。頻繁な損切りは機会損失につながることもあるため、長期投資を行って基本的に損切りしないことも戦略の１つです。ただし、これは長期的に株価が上昇すると確信できる、巨大企業の銘柄のみに行える措置です。

損切りラインは動かさない

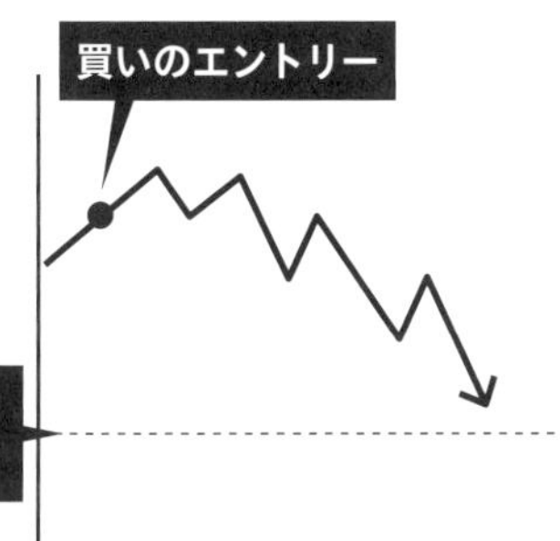

そのうち株価が上昇するかも。移動平均線の時間軸を変えてみると、損切りポイントは下にずらせるな……

もう一度損切りポイントを変えてみよう。
今度は別のテクニカル指標を使って……

一度損切りポイントを
動かすと泥沼化
してしまう

失敗を認めて
損失の拡大を防ぎましょう

04 損切りラインの手前で損切りしてもよい？

相場の流れによっては早めの手じまいも戦略の1つ

148ページのケースとは違い、**損切りラインの手前で売ったとしても損失が拡大することはないため、問題ありません。**

具体的に、損切りポイントよりも手前で売ったほうがよい場面としては、保有中の企業の不安材料が出た場合や、全体の相場（日経平均、TOPIXなど）が崩れる兆候が表れた場合などがあります。こうしたケースで、実際に早く手じまいすることは多々あります。

また、相場や企業に問題がなくても、買いのエントリーを出したタイミングが遅かった／早かったため、早めに売りを出すこともあります。たとえば、ブレイクのタイミングでエントリーしたものの、「ローソク足がすでに高くなり過ぎてしまい、これ以上株価が上昇しなさそうだ」と判断する、といった状況です。このケースでも、最初に設定した損切りポイントに到達していなくとも、早めに損切りを実行して大丈夫です。

ただし、エントリー後、少し逆行※してから含み益に転じるケースはよくあるので、**少し株価が下落しただけで売ってしまうと、損失ばかりが蓄積され、いわゆる「損切り貧乏」になってしまいます。**

損切り貧乏を防ぐためにも、「なんとなく」ではなく、「早めに手じまいしたい理由」を明確にしてから実行しましょう。

※この場合、株価が下がる材料が出たにも関わらず、実際には株価が上がってしまうこと

早期の損切りは問題ない

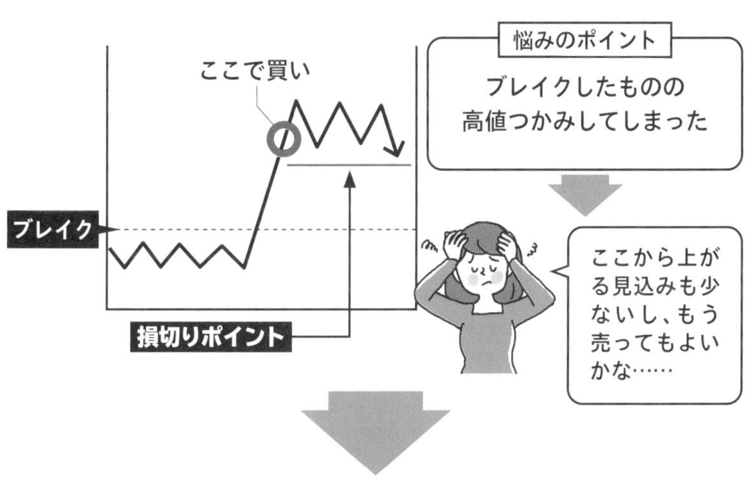

早期に損切りしてもよい

戦略に沿ってエントリーしても、タイミングがずれてしまうことがある

根拠を持っている場合、早期に損切りを行ってもよい
（上図の例であれば「上昇が見込めない」こと）

通常の損切り同様
根拠は明確にしましょう！

05 多額の投資額を投入するのは避けるべき？

分散投資するなら問題ない

１銘柄に多額の投資額を投入することは避けるべきですが、**134ページで解説した分散投資なら問題ありません**。

1000万円の資産を持つ人が、株価１万円のＡ銘柄を1000株買ったとします。仮にＡ銘柄の株価が5000円まで下がったタイミングで損切りを行った場合500万円の損失となり、資産の半分を失うことになります。

−50％となった資産をもとの1000万まで戻すのは容易なことではありませんし、無理に短期間で取り戻そうとすると、残りの資産まで失ってしまう、という事態も珍しくありません。

しかし、同じ業界やセクターを避け、値動きの連動性が低い10銘柄にそれぞれ100万円ずつ買った場合はどうでしょうか。**仮に１～２銘柄が−50％となっても、資産全体でいえば5％～ 10％程度の損失に抑えることができます**。

１銘柄に集中投資すると、得られる利益は大きいかもしれませんが、株価の変動が起きた際に、利益の幅と同じくらいの損失リスクを抱えています。多額の投資額を投入するのもよいですが、分散投資によって１銘柄あたりの損失リスクを抑え、資産全体で利益を出す戦略を取りましょう。

多額の資金で集中投資はNG

投資金額が多いほど期待できる利益は多くなるが、その分リスクも大きくなる。

1つの銘柄に全額投資する場合

株価1万円の銘柄Aを
1000株買いました！

A銘柄の株価が
−50%

500万円の損失
資金は−50%

➡ 株価が変動した際の損失リスクが大きい

分散投資をする場合

値動きの連動性が低い
さまざまな業界の10銘柄を
100万円ずつ買いました

そのうち1〜2銘柄が
−50%

資金全体で見たとき
損失は少ない

➡ 1銘柄あたりの損失リスクを抑えることができる

多額の資産を投じるときは
分散投資をしましょう！

06 「損切りは早く利は伸ばせ」は本当か？

極端なリスクリワードになってしまう

投資の世界には、「損切りは早く、利は伸ばせ」という格言があります。これは、損切りは損失が広がる前にすぐに実行し、利確は株価が伸び切るまでじっくり待てという意味です。一見、的確な助言のように見えますね。

しかし、この格言を、本書で紹介した手法に照らし合わせるとどうなるのでしょうか。極端にいうと、これは**リスクリワードを損失1：利益10の比率で設定しているのと同様です**。

損切り注文はエントリーポイントに対してかなり浅い位置に設定することになるため、当然勝率は下がり、損切りが頻発します。明確なルールもないまま利確を我慢するのもストレスです。つまり、この格言はあまり現実的ではないため、お勧めできません。

株投資においてリスクリワードももちろん重要ですが、**有利なポイントでエントリーを行い、勝率を上げれば、このような戦略を立てる必要はありません**。勝率が80％以上あれば、リスクリワードが1：1でも利益が出ますし、勝率が70％でもリスクリワード1：2でも十分利益を出すことが可能です。

あまり極端なリスクリワードを求めるよりも、取引の精度を上げることを重視すれば、精神的な余裕を持つことにつながります。

早過ぎる損切りは機能しない

〈スノーピーク(7816)　日足　2020年12月～2021年2月〉

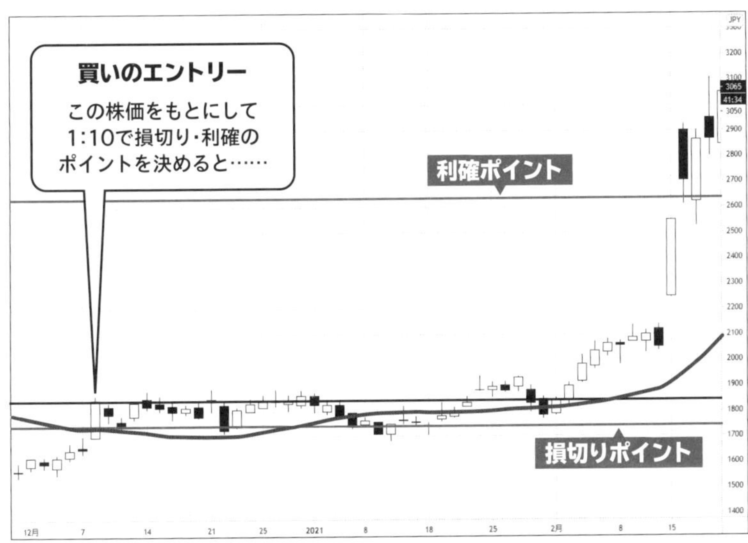

リスクリワードが適切に機能しない

➡ 極端に早い損切りポイント・極端に伸ばした利確ポイントなど、現実的でない数値が設定されてしまう

リスクリワードだけでなく、
勝率と組み合わせて設定する

○	○	×
勝率80% かつ リスクリワード 1:1	勝率70% かつ リスクリワード 1:2	リスクリワード だけで判断して 勝率を 考えない

07 2期連続で減益となったら売るべき？

減益の理由によっては保有を続ける戦略が有効

２期連続で減益ということ自体はネガティブな材料です。業績を理由に買った場合は売りを検討しましょう。ただし、数年単位のスパンで利益を得る——つまり**中期投資を行う人は、「将来的な利益につながるか」に着目して検討する必要があります**。

一口に減益といっても、企業が新規事業や設備に投資したことで目先の決算が減益になる場合があります。このケースでは、将来的に設備投資のコストが回収され、増益に転じる可能性が大きくあるため、「売らない」と判断しても間違いではありません。

また、買いの根拠が複数ある場合は、ほかの面が安定していれば売らないと判断することもあります。

たとえば、①業績がよく、②チャートが下降していない、③株価が割安、④定性面で強みがある（34ページ参照）、という４つのポイントを重視して買いの判断を下す場合、**保有している銘柄が２期連続で減配になっていたとしても、ほかの判断基準で強みがあると総合的に判断できれば、保有を続けることもできます**。

少なくとも、一般的に「ネガティブ」と考えられている情報だけに惑わされず、本書で紹介した視点を参考に、売買の判断軸を形成していきましょう。

業績が悪化しても売りを行わないケース

業績を根拠に買った場合

2期連続で売上が落ち込みました

➡

買いの根拠が崩れた。売りを検討しよう！

減益の原因が設備投資だった場合

短期投資	➡ 不安材料が出たため株価が下がる恐れがある	➡	売り
中期投資	➡ 設備投資によって将来的に利益が上がる見込みがある	➡	保有

中期投資では将来的な利益に注目します！

買いの理由が複数ある場合

4つのうち3つの理由が崩れなかったため保持と判断

4つの買いの理由

1. 業績がよい ➡ 減益が発表される
2. チャートが下降していない ➡ チャートは堅調
3. 株価が割安 ➡ 株価も割安
4. 定性面で強みがある ➡ 新商品が好評

（2〜4）➡ 保有

索引

■監修者プロフィール

戸松信博（とまつ・のぶひろ）

グローバルリンクアドバイザーズ株式会社 代表取締役

1973年東京生まれ。大学時代より早期に1億円を貯める方法を考える。大手音楽会社に在籍中に中国市場の潜在性に着目し、中国株への投資を開始。それとともに、全国の個人投資家向けにインターネットを通して中国株の情報発信を続け、多くの投資家から“中国株のカリスマ”と呼ばれるほどのオピニオン・リーダーとなる。2001年に外資系証券会社傘下の投資顧問会社に取締役として移籍、2005年に同社を買収し、グローバルリンクアドバイザーズ株式会社に商号変更。現在は日本株、中国株、米国株など投資情報の発信やファンドを運営するとともに、各メディアで積極的に投資情報を発信している。フジテレビ「バイキング」などテレビ、新聞・雑誌出演・掲載多数。

■問い合わせについて

本書の内容に関するご質問は、下記の宛先までFAXまたは書面にてお送りください。なお電話によるご質問、および本書に記載されている内容以外の事柄に関するご質問にはお答えできかねます。あらかじめご了承ください。

〒162-0846
東京都新宿区市谷左内町21-13
株式会社技術評論社　書籍編集部
「スピードマスター　株で儲ける！　損切りの一番やさしい教科書」質問係
FAX：03-3513-6167
URL：https://book.gihyo.jp/116

※ご質問の際に記載いただいた個人情報は、ご質問の返答以外の目的には使用いたしません。
また、ご質問の返答後は速やかに破棄させていただきます。

スピードマスター

株で儲ける！　損切りの一番やさしい教科書

2021年6月10日　初版　第1刷発行
2022年3月31日　初版　第3刷発行

著者……テクニカル分析研究会
監修……戸松信博
発行者……片岡 巌
発行所……株式会社　技術評論社
東京都新宿区市谷左内町21-13
電話……03-3513-6150　販売促進部
03-3513-6160　書籍編集部
編集……土井清志
装丁デザイン……坂本真一郎（クオルデザイン）
装丁イラスト……高内彩夏
本文イラスト……植木美江
製本／印刷……株式会社　加藤文明社
執筆協力……中野佑也
編集協力……榎元彰信（株式会社ループスプロダクション）
本文デザイン・DTP……竹崎真弓（株式会社ループスプロダクション）

ISBN 978-4-297-12142-6 C2034
Printed in Japan